DVはなおる 続

被害・加害当事者が語る「傷つけない支援」

日本家族再生センター 編
味沢道明 著
中村カズノリ
当事者

ジャパンマシニスト社

もくじ

DVはなおる 続
被害・加害当事者が語る「傷つけない」支援

はじめに
——日本家族再生センター15周年の節目に

日本家族再生センター所長　味沢道明

我が国で、男性問題が言われるようになった１９９０年代初頭。フェミニズムに関わった男たちがフェミニズムでは男の問題は解決しないと理解し、男性自身が男性の問題と向き合う必要性を感じ、日本で初めての男性運動を立ち上げました。これが「メンズリブ研究会」です。月1程度のゆるい集まりで、京都と大阪で交互に開催していました。

3時間ほどの集まりは、男性問題を当事者として語り合う自助的な側面と、学者、研究者などによる学習会的な側面と両義的な意味をもたせていました。私はそこに当事者として関わりました。

95年には、メンズリブ研究会の有志が研究会で得られた男性問題に対する理解や男性支援の必要性に対する理解を前提に、その知識を社会還元すべく、男性運動の拠点として

「メンズセンター」を大阪は天満橋近くの小さなワンルームを借りて開設しました。この時、このセンターを「男悩みのホットライン」の活動拠点にし、男のコミュニケーション教室の開催場所ともしました。これが我が国で初めての男性の男性による男性のための支援の原点です（p46【図表3】参照）。

私の他数名は1999年にメンズセンターの隣室に男性運動とは関係なく当事者支援のためだけのスペースを開設すべく働きかけましたが、メンズセンター運営会議では運動の足手まといになるとして反対があり、私はメンズサポートルームとして男性支援の施設を京都に開設しました。メンズサポートルームでは男のコミュニケーション教室で培った支援スキルや、非暴力トレーニングをベースに非暴力グループワークを京都と大阪で開催しました。

男悩みのホットラインや非暴力ワークで見えてきた、加害・被害の両義性、いわゆる男性被害者や女性加害者に対する支援や、修復的支援の必要性についても支援の対象とすべく、2003年、私は京都に「日本家族再生センター」を設立し、年齢、性別、加害・被害にかかわらず、家族問題に関する様々な支援を提供し始めました。そこでは、カウンセリングをベースに、グループワークや、シェルター、アドボカシー、ペアレンティングサポート、グルメナイト、料理教室など、複合的な支援を提供し、当事者がワンストップで利用できるシステムにしています。

その支援では、男と女、あるいは加害・被害の対立軸で支援するのではなく、多様で柔軟な価値観で支援し、自己肯定感や他者理解が進むよう育ち直し、学び直しを可能にする意味で多様な個性が対話可能な場になるように擬似家族的なセラピーも取り入れています。このあたり、加害・被害の両当事者が場を同じくすることの危険性を言う専門家も多いようですが、その危険性の根拠は示されていません。むしろ、この十数年の援助実践で、その危険性は単なる人々の思い込みにすぎないということを確信しています。

我が国では、2001年にDV防止法（配偶者の暴力の防止及び被害者の保護等に関する法律）が施行され、同法に基づき、各自治体でも諸施策が講じられました。けれど、DV事件は一向に減少する様子はありません。

加害・被害を性別で特定し、男女の対立構造にしてしまうのはフェミニズムの視点でしか問題を見ていないからであり、それでは根本的な解決にはならず、問題は性別ではなく、権力の問題であるとの視点に立つ支援が求められます。メンズリブの設立の当初「男らしさから自分らしさへ」という文言が謳われ、パワーに依存する男性性から解放された自己になろうと運動が出発したけれど、運動がそれなりに認知され始めた頃、フェミニズムや行政に追随することで利を得た男性学研究者は、ことごとく当事者性を失い、やがてメンズリブはフェミニズムを補完する運動でしかないと、メンズリブを骨抜きにする発言をする者が出たりしています。

このような現状への疑問、私が長きに渡って男性問題に関わってきた経験から、DVの本質やその援助論、日本家族再生センターの歩みと共に蓄積した知識やスキルをお伝えしたいと思いました。また、日本家族再生センターにつながった当事者自身の体験、さらに女性支援が女性の回復に負荷を与えている事実をメンズカウンセリング講座の語りから論証するページも合わせ、皆さんに読んでいただきたいと思います。

男性・女性にかかわらず、誰もが暴力の加害者にも被害者にもならない社会を構築できること、当事者の皆さんが幸せになるための「修復的支援」を行う援助者が増えることを切に願って、この1冊にまとめました。

２０１８年７月

Ⅰ 章

ＤＶ・家族問題
――日本家族再生センターの支援とは

味沢道明

DVとは何か？
——その背景にあること

DVは、本当に増えている？

日本家族再生センターは開設から15年が経過しましたが、支援の基本であるカウンセリングは、センター設立以前から私が担当したものも含めると５５００件以上ののべ件数になっています（２０１７年12月末まで）。その性別の比率は男性55・５％、女性44・５％。主訴の半数以上は夫婦間問題に関するもので、うちＤＶ案件とされるものは21％です。この比率は当初よりほとんど変わりません。

ＤＶ防止法（配偶者の暴力の防止及び被害者の保護等に関する法律）施行後に当所でのカウンセリングがスタートしていますが、その件数は毎年大きな増減もなく推移していました。ところが、ここ数年、女性の比率が若干増えてきたこと、年間の総件数も増えてきたことなどの変化があります。その理由ははっきりしませんが、推論としては、世間の女性支援の限界が認知されつつあるということかもしれません。

マスコミなどで報道されるＤＶの認知件数、相談件数は激増と言ってもいいほどですが、キャンペーンなどで相談しやすくなったということもあるでしょう。けれど、発生するＤＶが極端に増えているとは思えません。警察庁のデータによれば、この10年で、夫婦間の傷害件数は斬増していますが、殺人事件数は斬減しています。もともと夫婦間暴力はあったけれど、それが立件されやすくなったということだろうと思います。いずれにしても、ＤＶ防止法の施行後も防止されるでもなく、減少するでもないＤＶとは一体何なのか、冷静な判断をしたいものです。

法律の欠陥が問題をより深刻に

ＤＶ防止法（以下、ＤＶ法）と呼ばれる「配偶者の暴力の防止及び被害者の保護等に関する法律」では、被害者は実質女性として想定され、加害男性から被害女性を分離保護することがその法律の骨子となっています。欧米のＤＶ法と大きく異なるのは、日本の場合は民事対応であり、刑法扱いではないということ。立件は申立てによってなされ、その際必ずしも証拠は不要だし、申立ての真偽を確認する仕組みが法律に盛り込まれていません。冤罪が多発するのも当然と言えば当然です。

配偶者からの暴力を受けた者は警察や配偶者暴力相談センターなどに相談したことを前提に、地裁に保護命令の申立てができます（夫の報復が怖くて相談も申立てもできない妻にとっては役に立たない）。

地裁は被害者の申立てを受けて、加害者に対し審尋（聞き取り）をし、保護命令を出します。それは2ケ月の自宅退去と半年間の被害者（とその子）に対する接近禁止、電話やメールなどでの連絡の禁止を伴います。この保護命令に違反した場合は、1年以下の懲役または100万円以下の罰金の刑事処分に処せられます。この保護命令は仮処分であって、刑罰ではありません。保護命令違反をしない限りにおいては犯罪者ではないし、保護命令に関すること以外人権上の不利益を受けないはずですが、実際には著しい人権上の問題が起きています。

かような問題を多く抱えたDV法で、しかも何度も改正されたにもかかわらず、基本的には何も変わらず、分離罰則強化の改正で、根本的な問題には目をつぶった改正がまかり通るのは今の法律や制度を通じての支援が利権構造を生み、その利権から得られる権益にしがみついている多くの人たちがいるから、と言っても過言ではないように思います。DV法の様々な欠陥がDV問題をより深刻なものにし、支援を難しくしているとも言えます。

「加害者」の心理にあるもの

DVや虐待などの家族間暴力は許されざる行為、犯罪であるとの社会的合意があるけれど、我が国の支援においてはその表面的な事象に囚われ、原因や防止対策についての理解や支援はほとんどなされていません。

私はカウンセラーとしてカウンセリングやグループワークを通じてこれまでに1000人ほど

のＤＶ・虐待の男女当事者との語りを重ねてきています。その中で理解してきた加害・被害の当事者の心理について私見を述べてみたいと思います。

巷の言説では、「ＤＶ加害者は変わらない」、加害者は人格的に問題があり、教育やプログラムで変化するものではないと言われています。が、その根拠はあいまいです。日本家族再生センターでは多くのいわゆる加害者は脱暴力への変化を見せていますから、「支援がなければ加害者は変わらない」ということかもしれません。加害者を脱暴力させ得る有効な脱暴力支援とはどんなものか、それはＤＶの法的側面からだけで理解するのではなく、心理的な側面も理解する必要があります。

加害者と言われる人たちは一般に外面はいい、責任感が強い、真面目、という一見、社会的には優れたタイプの個性をもつ人が多いようです。実際、他の刑事事犯の犯罪者のような社会階層との相関はなく、大学教授などの教育者、医者、宗教者、警察官など、社会的責任の大きいポストにいる方たちの割合も一定数あり、どんな社会階層の方も加害者として来談されます。その多くは決して粗暴だったり、暴力的な言動をしたりする方たちではありません。

その方たちの共通する資質は、自己肯定感が低く、役割意識、他者の承認や評価に依存する傾向が強く、さらに対人スキル、対話スキルが低いという傾向があります。

表面的な言動は、感情を抑圧した外面であって、無意識領域の本人の本質ではありません。抑圧された無意識と言ってもいいかと思いますが、無意識領域ですから本人も自覚できないまま、無意識に、脆弱な自我を防衛するために、強い力をもとうとするし、それが努力や忍耐のような行動になるし、その結果社会的な力を獲得でき、その力に依存して自分を支えるという構造にあります。

ところが、一般社会で通じたその社会的な権威というコントロールパワーも家庭では通じないことも起こります。子どもは成績のためには大人に従っても、ただのエラそうな親父には従いたくないということもあり得ます。コントロールパワーが使えず、家族に傷つけられた自我を守るために暴言・暴力でコントロールするしかなくなってしまう、そんなところでしょうか。

多くの加害者の心理は、脆弱な自我を家族の攻撃（?）から防衛するため、力で家族をコントロールするという、無意識領域での瞬間的な心の動き（情動）があります。これはいわゆる精神分析で言う防衛機制に近いもので、その無意識の心の動きやその結果の行動を「これは怒らせた家族が悪いんだ」と意識し、暴力を正当化します。

こんな加害者に対して、人権だの、ジェンダーバイアスだの、差別意識だの、様々な認知や価値観の偏りだのと、いろいろ指導教育する支援者はいるだろうし、それも必ずしも間違いとは言えません。けれど、その方法だけで加害者プログラムが組まれたとして、それは有効なのか、私は疑問を感じずにいられません。

家族の役割から生まれる葛藤

ＤＶに大きく関係する価値観として、家族役割があります。父親は父親らしく、母親は母親らしく、子どもは子どもらしく、家族がその役割をちゃんとこなしたら幸せな家族になる、との家族幻想を世間では共有しているように思います。これは、明治以来の政策的な意図の結果だろうと思いますが、特に新民法になって、夫婦単位の戸籍制度を前提とした社会の仕組みのありようと家族意識は無関係ではないでしょう。

妻を経済的に支えるのは夫の役割、子どもの成長や学業を保証するのは妻の役割、夫の努力に報いるように妻は夫に対して優しく従順で愛情に満ちていなくてはなりません。子どもは学校に通って、それなりの成績を維持しなくてはなりません。夫は家族のため仕事を頑張り、疲れ果てて帰ったら、家では温かい家族がねぎらってくれる……そんな常識（家族幻想）があります。

このように時代錯誤で硬直した役割意識が家族一人ひとりに割り振られていて、なお多くの人はそれを疑うことを知りません。その役割がそれぞれちゃんとこなせているうちは何の問題も起こらず、とてもいい家族を演じることができます。

けれど、現実の生活では、事故や倒産、疾病、いじめなどで家族役割をこなせなくなることで家族間葛藤が高じ、相互不信や不安を醸成し、やがてＤＶ・虐待へとエスカレートしていきます。

かような意識の加害者にすれば、ＤＶの原因は、妻の家事・育児が不十分だとか、妻が勝手に借金したとか、浮気したとか、妻があれこれ言い立ててくる……とか、すべて妻の言動があっての暴力であって、暴力は悪いとわかっているけれど、何度言っても妻が問題に向き合ってくれないので、つい感情的になってしまった……と自分の暴力を正当化する傾向があります。

これが職場の人間関係であれば、問題があってもいきなり暴力にはならないけれど、そのことには気づきません。このように家族と所有の関係に縛られていることには無自覚で自分の問題とは理解できず、妻の問題に転嫁してしまいます。

このようにＤＶ問題の背景には社会的に共有されている家族役割意識やそれを補完する法や制度があるわけで、加害者と言われる人も、自分がなぜＤＶを行ったのか、本当のところを理解することも、問題解決の方法を考えることも、適切な支援のない現在、簡単ではありません。

さらにＤＶやモラハラに耐えられず、妻が家を出たり、保護命令の申立てをした時、初めて夫は妻をコントロールできない状況に陥り、自分の問題と向き合わされます。妻にしてみれば、夫の暴力によって家庭はすでに壊れていて、夫の暴力から自分を守るために家を出るわけですが、夫にしてみれば、妻が家を出ること、離婚となることで家庭が壊れてしまうので、何とか離婚を避けて家庭を守りたいとの思いがあり、家族、家庭に対する意識にかなり違いがあります。関係性を重んじる女性と形態を重んじる男性の意識の違いは、近代社会の家族意識の反映かもしれません。

話すほど、こじれる原因は？

日本人の会話は、主語が語られない、目的語が最後に語られるなどの傾向があり、文法的に相互理解が難しい側面があります。同じ価値観や生活文化に生きている者同士であれば、それでも問題はないのでしょうが、異文化、異質の他者と対話するのは日本語での会話は不便と言えるかもしれません。

なのに、女と男で価値観も文化も違うし、また生活スタイルも、世代や地域で様々となると、自分をはっきり伝える必要が出てきますが、自己主張すること、個性を主張すること自体、無作法だとか協調性がないとかネガティブなこととして理解されやすいようです。また女性の会話はあまり目的のはっきりしない結論のない会話になりやすいという傾向があるのに対して、男性の会話は逆に目的や結論のみ語られて、感情について語られることはあまりないという傾向もあります。自分の喜怒哀楽などの感情の表現について、男性はとても稚拙で下手ということは事実でしょう。ゆえに対話がうまくいかず、話すほどこじれていく原因について、それがコミュニケーション不全に由来するとは考えないので、相手が話を聞いてくれないからだと相手のせいにしてしまいます。

さらに、非言語的なコミュニケーションについても日本人はとても不得手で、顔の表情や身振り手振りなどの態度で表現をするのも不得手。特に男性は、感情を表すのは恥ずかしいこと、みっともないことと学んでいて、感情の言葉を口にしたり、感情を態度で伝えることもとても不得手です。

喜怒哀楽について自分の感情を理解し、それを言葉や態度で表現するのは人間関係にはとても大切なことですが、特に男性は、言葉でも態度・表情でもそれを表すのが不得手で、家族間の相互理解を難しくしています。コミュニケーション不全が家族間の相互理解を難しくし、やがて相互不信となり、不安や怒りに変わっていきます。

DVは「なおる」!?

——適切な援助による「回復」のステップアップ

社会で低くなった自己肯定感を育てる

現代の家族は子どもの数も家族構成員も少なく、日常的に多様な大人と接することは難しくなっています。学校教育でも単純な知識の詰め込みだけに終始し、人格形成のための多様な文化や家族モデルを提示することはありません。常に成績という物差しで他者との競争を強いられることで、不安と自己否定の心理になりやすく、自己肯定感の低い子どもになってしまいます。特に男の子は強弱の価値観にさらされて育てられるから自己肯定できる感覚は育ちにくく、勝利や優越で一時の満足は得られても、敗者になる恐怖、弱者として蔑《さげす》まれる不安に苛《さいな》まれる心理的傾向をもってしまいます。

DV・モラハラの原因となっている自己肯定感の低さに対して、その低い自己肯定感を高めることで自我の脆弱性を克服し、批判や攻撃、対立や孤立にあっても、自己を安定的に保つことができれば、暴力を含むパワーコントロールはもちろん、様々なコントロールを必要としなくなります。

その自己肯定感を高めるために必要なのは、生育の中で体験しなかったあるがままの自己に対する他者の承認や受容です。生育の中で得られなかった愛情や承認について、援助者は当事者に対して無条件の受容をもって接することが必要なのは、心理学者カール・ロジャースの言説と同じです。そのような態度で接することで、加害者も防衛を解いて、心開くことが可能となり、自己肯定感が育ち始めます。

パワーコントロールをやめるために

心理学者A・マズローの言うように、生育の中で十分な愛情や承認を得られなかった人は、心に満たされないままの穴を抱えています。この穴が、不安や葛藤の原因になりやすいのですが、不安や葛藤から自我の崩壊を防ぐために、無意識に自我を守る選択をするのが、精神科医フロイトの言う防衛機制でしょうか。自我を防衛するために、パワーコントロールという方法も選択されます。

家庭でも学校でも、パワーコントロールは対人関係にあふれており、自由で対等な人間関係を学ぶ体験もなく、パワーコントロールによる自我の防衛は無意識裏に行われます。それが、時にDVになったり、モラハラになったりします。本人にしてみれば、防衛する自分の問題とは意識化されませんから、相手の言動の問題と認識し、むしろ相手の言動で自分が被害を受けたと考え、DVもモラハラも問題解決のためのやむを得ない手段として認識され、正当化されてしまいます。

そんな加害当事者に対し、「DV・モラハラはダメ」と言ったところで、わかったフリをするだけ。パワーコントロール以外の自我防衛のスキルを身につけることで、問題解決することが現実的な方法です。具体的には、自分の価値観やこだわりや癖など、無意識的なところも含め自分を理解することで、理想の自己と現実の自分の不一致が見えてきますが、自分のあるがままを受け入れるためのセラピーは有効です。セラピーで不一致部分がなくなると、自我を防衛するためのコントロールも不要となります。

カウンセリングやワークを通じて、自分と相手との関係も俯瞰し、客観視することもできるようになります。攻撃的な相手に対してパワーコントロールでの防衛を用いなくて済む方法も考えることができます。例えば、自分1人で対応することができないと判断したら、その場を離れる、いわゆるタイムアウトを用いるとか、他者に支援を求めるとか、自分が暴力的なパワーで相手に対応することなく、自分を守る方法を選ぶことができるようになります。そうすることで、相手の言動で傷ついたり、相手に不信感を抱いたりして関係が悪化することも防ぐことができます。

関係の改善に必要なコミュニケーション

自己の意識や無意識にフォーカスし、それを言語化して相手に伝えること、相手の言動を多様な視点で読み解くこと、などコミュニケーションスキルの向上で、問題発生を予防する、問題解決を目指すことも可能となるだけでなく、関係の改善、多様化、柔軟化をもたらし、パワーコントロールが不要な自由で対等な人間関係、家族関係を構築することが可能となります。

またコミュニケーションは言語によるものだけではなく、表情や態度、ファッションなど、様々なチャンネルでなされます。

一般に「男性は理屈で考え、女性は感情で動く」と言われますが、これは脳の発達における性差が影響しているという側面もあるでしょう。だからこそ、その性差を拡大する働きかけをするのではなく、性差を補償する形で働きかけることがスキルアップにつながります。

生育の中で、感情表現を抑圧された男性は自らの感情を受容せず抑圧していますから、当然それを投影して他者の感情表現も抑圧します。「おしゃべりは無駄。些細なことでいちいち喜んだり悲しんだりするのも無駄。不愉快、怠惰、無節操も許すべからず。すべて合理的に判断し、正しく的確に行動すべき。それがいい人間関係をつくり、無駄や間違いのない社会をつくる。そのための、論理的な会話こそ、あるべき会話」と考えているのかもしれません。

けれど、このような合理的な判断は、ややもすると不合理な結果になりやすいもの。それは人間の心身も現実の世界も多様で複雑、必ずしも合理的に動いているわけではありません。一人ひとり身体のありようも、育つ環境も、体験することも異なります。どちらが正義とは言えないことのほうがむしろ多いのが現実です。

そんな世界の中では合理的判断よりも量子的な思考のほうがより適応的。会話の結論ではなく、結論のない会話によって、相互理解や相互信頼が無意識レベルで起こります。葛藤や不安のない関係を維持するには、こうした無意識レベルでのコミュニケーションが重要ですが、それは日頃からトレーニングを重ねないと得られません。そのためのグループワークであり、様々なセラピーです。

家族とは何か？　親子とは何か？

DVやモラハラ、虐待など、問題を抱えた方の支援に関わると、その家族だけではなく、その親世代の家族の問題も見えてきて、問題が連鎖しているのもよくわかります。さらにそれが地域社会や国という大きな社会の問題が関わっていることもわかります。核家族化した現代社会の中では機能不全家族と言われるような、家族機能が低い家族が当たり前になってきています。

家族が日々安心と安全の中で過ごせるだけでなく、命や暮らしを再生産する機能を家族機能とするなら、そんな当たり前の機能をもたない家族の中で育てられた子どもは、自己否定的だったり、防衛的、攻撃的な行動様式を無意識に内面化したりしています。本人も意識しないまま当たり前のこととしていますから、自分に問題があることには気づくのがとても難しいものです。

セラピストが家族問題のセラピーに関わる際に、セラピストの考える価値観で誰が正しいなどとジャッジする必要もないし、それぞれのこだわる家族概念に巻き込まれる必要もありません。家族とは何か、親子とは何か、性とは何か、人が生きるとはどういうことか、それらの価値観について家族で違って当たり前だし、セラピーにおいてセラピストはあらゆる価値観から自由でなければ、クライアントに十分に寄り添えなくなってしまいます。

加害者にせよ、被害者にせよ、多くの当事者は生育の中で受容的共感的に育てられることなく、愛や承認を求め続ける心の穴を抱えています。そんな当事者に対して、生育の中で得られなかった、自由で対等、一人ひとりが尊重され、愛される体験を追体験することで、当事者の自己肯定感は高まり、防衛的な反応を手放すことも可能になります。そのために、セラピーに家族機能をもたせるのが私の援助論のひとつです。

日本家族再生センターの複合的支援

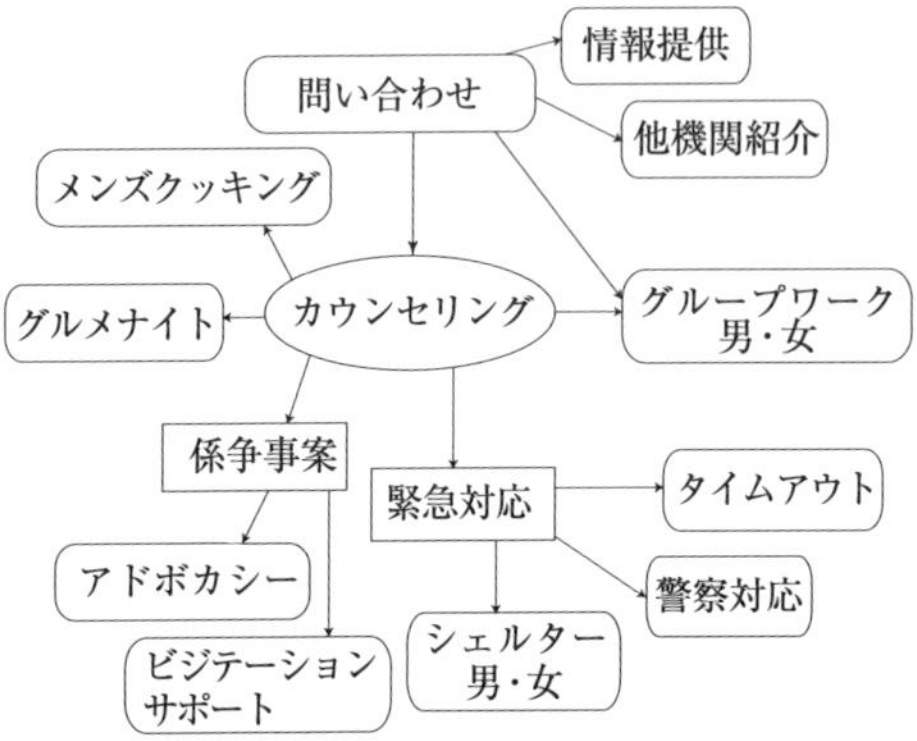

図表1　ケースチャート図　著者作成

具体的な支援に入る前に多くのケースは電話での問い合わせから始まり、そこで、おおよその状況を聞き、適宜対応します。

カウンセリングや、グループワーク、シエルター、などなど、クライアントに必要と思われる様々な受け皿を紹介したり、その受け皿について説明したりしていきますが、主にカウンセリングをおすすめする場合、グループワークの紹介で終わる場合、その他の情報提供だけで終わる場合などがあります。**【図表1】**

メンズカウンセリング

行政サイドの女性支援には、フェミニストカウンセラーが多く入っているようですし、フェミニズムの論理で支援が進んでいると言っても過言ではないでしょう。家族問題は男性の力による支配が問題の根源であり、男性の支配から女性を解放することが問題解決になるとの理解です。このフェミニストの理解とは異なるジェンダー意識を前提に当事者主義に基づいたカウンセリングが、私の提唱するメンズカウンセリングです。

メンズカウンセリングとは、男性の男性による男性のためのセラピーを言うのではなく、女と男の対立構造としてのジェンダー理解をするフェミニズムとは一線を画し、女と男の対立ではなく、個々（ミクロ）の生活においては性別ではなく、力関係によって対立が発生するし、個々人の中に加害者性も被害者性もある、というジェンダー理解に基づいたセラピーを言います。その基本構造は次の通りです。

当事者性……自らの当事者性に気づき、それを受容し、自己一致させること。病理社会の様々な価値観を無意識のうちに学習し、社会に適応することで生き延びると同時に、差別抑圧構造に加担する加害・被害両義的な存在としてある自己に気づき、病理社会への無意識的な適応を終わらせる。セラピストは、クライアントと同じ地を生きることをセラピーの基本スタンスとする。

権力構造の排除……治療する者・される者、話しを聴く人・聴いてもらう人の相対的な権力関係に気づき、セラピスト、クライアント共にお互いの人生や体験から学び合い、癒し合うことで双方が自己成長を可能にし、豊かな人生を選ぶことが可能となる。

脱ジェンダー……社会はすべてジェンダー化されていて、無意識のうちに個々人の自我もジェンダー規範に組み込まれている。ここにジェンダー化し得ない無意識部分との葛藤が起こり、人はジェンダーにおいて苦悩する。セラピストは、自らはもちろん、他者に対しても脱ジェンダーの概念で世界を構築しなければ、クライアントの苦悩を紐解ける援助者とはなり得ない。

脱ヒエラルキー……社会は差別抑圧構造であり、その構造が病理を生み、当事者の苦悩が生ずる。その苦悩から解放されるには、ヒエラルキーに依存しない価値観や自己概念をもたなければならない。これはクライアント、セラピスト共に言えることである。またクライアントが回復して社会に帰る時には、ヒエラルキーに依存しない、すなわちコントロールしない、されないパーソナリティを指向しなければならず、新たな困難を抱えることになる。その時、クライアントを社会の圧力から守り、常に帰れるサンクチュアリとしてのセラピストの存在が求められる。

ワンダウンポジション……「understand」が表すように、クライアントを理解するには、クライアントの人生や存在に対する敬意や親愛の念が求められる。クライアントの世界に対する無知を自覚し、クライアントから学ぶスタンスでいて、初めて物語の共著者たり得るのだろう。

物語の共有……クライアントの人生という物語と、セラピストの人生という物語の出会いが、新たな物語の1ページとなり、それぞれの人生が書き替えられ、より豊かで満たされた物語として紡がれるセラピーであること。

社会還元……病理社会の様々な症状としての困難を抱える当事者が回復し、再度病理社会と向き合う時、社会の病理性に加担するのか、あるいは病理性を否定する価値観をもって社会に帰るのか、メンズカウンセリングでの本当の回復とは社会に復帰するだけではなく、差別抑圧構造をなくすべき関わり方を指向する力をもつことを期待します。

メンズカウンセリングキーワード

- クライアント中心雑談療法
- あらゆる価値観からの自由
- 物語の共著者・共犯者

・身体・心・魂

他、進化論・量子論から、スピリチュアルまで何でもあり

セラピーの流れ

コンサルテーション
↓
クライアント中心療法
↓
精神分析療法
↓
認知行動療法
↓
ナラティブセラピー
↓
メンズセラピー

グループワーク

半年間12回のワークを年2回、すなわち通年で行っているグループに男ワークと女ワークがあります。さらに男女混合のグループワークも開催しています。ワークでは、自分の感情に気づくとか、それをどう意味づけ、他者に伝えるかとか、他者との対等で平等な関係をつくるための価値観の再構築といったことをテーマにしています。

もちろんファシリテーターは、それらを力で教育するとか、指導するとかいう立場には立ちませ

ん。その方法論そのものが、対等でも平等でもない権力構造に依存しているからです。ではどうやって……そう、共に語り合い、異質の他者に触れることで、新たな自分に対する気づきや、未知の人間関係を学ぶことが可能になります。

そして、その作業に関わる動機は、脱力からくる安心感、対立や競争のない関係の居心地の良さなどが、参加を維持するモチベーションになります。けれど、任意の参加ですから、その動機のない方には続けて参加することは難しいのも事実ですし、他者とのコミュニケーションが困難な方や、人間関係や自尊感情において深い問題や困難を抱えている方は、他者に対する語りも傾聴も難しく、グループワークでは対応が難しいということもあり得ます。その場合は、個別のカウンセリングや様々なツールを用いたセラピーで対応するようにしています。

いずれにしても、グループワークは万能でもないし、有効性が絶対的に高いとも言いませんが、はっきり言えるのは「ＤＶ男は変わらない、プログラムは無意味」という言説が誤りであるということです。

私は20年ほど前に、男性運動の中から男のための脱暴力のグループワークを始めたけれど、ワークを続けていくうちに、加害・被害を性別の問題と絡めないほうが、問題が理解しやすいということにも思い至りました。そのため、男のグループワークでも、女のグループワークでも、実は参加者の性別を厳密に分けておらず、最近では女性のワークに男性が参加したり男性のワークに女性が参加したりすることは、ごく当たり前の風景になっています。

異性の感じ方や考え方を、体験を通じた語りとして実際に聞くことで、自分の中の異性像が現実とは違っていた、パートナー個人の異常な特質と考えていたことがジェンダーとして異性に共有されている普通のことだったと理解することもできるようです。ですので、女と男が共に非暴力トレーニングを行う男女のグループワークも行っています。

男女、加害・被害問わないシェルター

日本家族再生センターの運営するシェルターは、女性も利用できるし、男性も利用できます。最近は男性被害者のためのシェルターもぽつぽつでき始めているみたいですが、全国でどれだけの男性用シェルターがあるのか、その運営実態はどうなのか、まったくわかりません。

当センターが男女、加害・被害にかかわらず利用できるシェルターを運営し始めたのは、10年ほど前からのこと。当初から、男性の利用も可能としていました。

利用者の男女別は、ほぼ半々というところ。数日の利用から数ケ月の利用まで様々。最長の利用は9ケ月の男性。男性の場合、シェルターから職場に通勤できるので、単身赴任のようなもの。母子がシェルターに逃げるのより、はるかに簡単です。

当センターでは、一般のシェルターと違って、通信や行動の制限もしないし、指導や管理もありません。また、当センターで行われるグループワークやカウンセリングも利用できるし、グルメナイトなどに参加していろんな当事者の方たちと自由に語り合うことも可能です。

暴力で傷ついた被害者にとって加害者対応もやってくれるシェルターは、どれだけ心強いか。被害者が逃げ隠れするのではなく、加害者の攻撃を防ぎつつ対話を進められるのは、加害者対応スキルがあればこそ。そんなこんなで、被害者は心から安心して過ごしているうちに回復し、力をつけ、加害者との関係を変え、新しい人生や新しい夫婦関係になって退所して行かれます。そして実家に帰るように、時々私のところにやってくる人もいます。

加害者と言われる人たちが利用しても、やはり成長し、暴力やパワーコントロールを手放すことができます。ワークやグルメナイトの仲間、もちろん私との関わりもある中で、コントロールすることもされることもない対等な関係を、身をもって学ぶことができます。更生施設、教育施設では得られない学びです。

グルメナイト

DVやモラハラなどパートナーの暴力で傷ついた被害者が、加害者のコントロールから逃れて日本家族再生センターに来られます。そんな方は安全な場で、やっとその傷つきや痛みを語ることができます。

その体験や思いを語ることで、回復が始まりますが、過去の体験の痛みは怒りに転ずるし、加害者に対する怒りや憎しみの感情も出てきます。別居や離婚で、安全は確保されたとしても、怒りの感情や突然フラッシュバックする時の恐怖や不安からは逃れられません。そのどうしようもなさは、

東京ワークとそこに集う子どもたち

時間が経っても終わることはありません。

そんな当事者が本当に回復するために、私は当事者の怒りの感情を引き出した後は、善悪の価値判断や家族意識など自分の価値観の問題に向き合ってもらいます。なぜ問題が起こったのか、家意識やら、家族役割意識、コミュニケーション不全、勤務状況など、様々な問題について自己洞察していただくのです。すると、単純に自分は被害者だと思っていても、自分が相手に依存していたり、相手をコントロールしていたり、自分には自分の、相手には相手の問題があり、その問題が絡み合って、暴力的な関係になっていったという事実は、単純に加害者・被害者とラベリングできないという現実にも思い至ります。

そんな作業をするためには、DV問題を単純に善悪で語らない支援が必要だし、いわゆる加害者と被害者がちゃんと対話を重ねていく作業が不可欠ですが、それは行政の指導に従う限り実現不可能です。

行政に頼らない私が、そんなことを可能にするセラピーとして行うのが月一恒例のグルメナイト（グルナイ）です。グルナイには当事者男女十数名、子どもたちも幼児から高校生まで7〜8人ほど参加します。たいてい部屋は人で満杯。部屋からあふれた子どもたちは玄関の通路でも遊びます。ゲームやら動画やらも、お好きなように。

大人たちも気ままにおしゃべり。そのおバカなこと。DVや離婚など問題を抱えた大人たちとその子どもたちが集まるけれど、どの子どもたちもグルナイを楽しみにしてくれています。

親たちはいつものように子どもをコントロールする必要もなく、勝手に遊ばせています。子どもたちもグルナイでは説教したりコントロールしたりする大人はいないってことを知っているから、本当に自由気ままに過ごします。この解放感が心地良いのでしょう。

かといって、大人たちが子どもに無関心なのではありません。子どもの主張をしっかり聴き留めたり、しっかりハグハグして、その存在を受容し、肯定することも少なくありません。私もパパ役割やらママ役割で、合間合間に子どもたちを受け止めます。

さすがに高校生くらいになると、グルナイを巣立つようですが、グルナイで学んだ対人スキルやら自己肯定感は、きっとその子どもたちの人生をそれなりに支えてくれるでしょう。

子どもは父と母だけの小さな家族関係、単一の価値観を押しつけられて育つのは無理があるようです。多様な人格モデルや自由で隠しごとのない対話モデルを学んでこそ、明確な自己概念やら自分と他者の安定した関係をつくることができるようです。これはグルナイが、家族機能をもつセラピーとして機能しているからでしょう。

メンズクッキング

グルメナイト

メンズクッキング

　メンズクッキングは、能書きを垂れたい男や、腕自慢したい男のための料理教室ではありません。男たちが日常生活に即応用できる、値段、つくりやすさ、安全や健康志向はもちろん、食卓を囲んで楽しめる、そんな料理技術やおもてなしのたしなみを身につけるための料理教室です。

　長い間、といってもこの150年ほどの日本の文化では、男子厨房に入らずで、家事としての料理は女性の役割で、男は関わるべきではないとされていました。男はサービスを受ける主体ではあっても、サービスを提供する側ではありませんでした。逆に、女たちは黙って、進んで男にサービスを提供することを美徳としています。

　今でも、「仕事さえしていれば家事・育児はしなくていい」と考える男性も多いだろうし、そんな夫のために好きでもない料理をいやいや続けている女性も少なくないでしょう。もちろんメンズクッキングに参加するのは、そんな経験をもつ人も少なくないDVの加害・被害男女当事者です。ですから、DV加害者の脱暴力支援の一環としてメンズクッキングも想定しています。

というわけで、メンズクッキングでは、男に料理するスキルはもちろん、女たちを楽しませるホストスキルも身につけてもらうべく、参加した女性は調理、後片づけに手を出さず、口も出さず、ただおしゃべりを楽しんでもらう設定にしています。

ペアレンティングサポート(面会交流支援)

離婚や別居で一方的に子どもと引き離された親にとって、引き離しは拉致や誘拐と変わらない残酷な現実でしょう。それは、今の日本の法律や制度が家族の一人ひとりの人権を保障しないものになっているから、当然といえば当然の結果で、引き離した相手が悪いと責めてもあまり意味はありません。

法律や制度を自分たち一人ひとりのためのものにしていくだけの政治的な意思や力が国民にないというその帰結でもあります。で、その問題に気づいた人が法律や制度を変えていこうとするのも当然のことで将来的にはその作業なくして、引き離しの悲劇を防ぐこともできないでしょう。

けれど今、目の前の悲劇に対して成し得ることとして、(有効性の低い)司法の判断を求めて法的対応に入る人も少なくないことでしょう。その結果の司法判断として、ある程度の面会条件が提示される訳だけれど、そのジャッジに根拠も理念もあるように思えません。往々にして理不尽な判断が出されるけれど、その理不尽な状況に納得もできず、司法の場での争いが続き、葛藤がさらに高まる、そんなケースも少なくないように思います。

当事者にとっては目の前の、子どもに会えないという現実が問題であって、とりあえず会うことが目的化するのも当然と言えば当然でしょう。けれど、ここで忘れてはいけないのは、面会の目的は子どもの健やかな人格形成や親子としてのアイデンティティ形成もあるということです。

子ども自身が楽しく、好奇心や別居親に対する愛着感情が満たされる面会であれば、思春期くらいまでは子どものほうから面会を拒むことにはならないように私は思います。逆に言えば、思春期になれば、男女にかかわらず、親子の関係より、友人やクラブの先輩、教師などとの関係のほうが重要になってくるので、面会の必要性を感じなくなるのも当然のような気がします。

このあたりを考えていくと、面会の回数や時間も大切だけれど、面会の質、内容が時間回数以上に実は重要なのかもしれません。そういう意味でも、面会の時間を最大限有効に使えるよう、別居親も子どもに対する理解や対人スキルのスキルアップをしてほしいものです。

そういう意味で、私は面会交流を単に親子が会うだけでなく、親子でいろいろ新しい体験を重ねたり、社会性を自然に身につけたりする機会にできたらいいなと考えています。

ということで、いろんな当事者が集まるグループワークやキャンプなどを面会交流の場にしたり、当センターのシェルターを利用して親戚の家族も集まるお泊まり会を兼ねた集まりにしたりと、いろんな形で面会を進めることを可能にしています。

ある事例では、面会のパパと子どもだけではなく、子どもの従兄弟たちもやってきてお泊まりの会となり、みんなでお料理したり、お掃除したりと、家族責任についてみんなで楽しく体験を重ねてくれました。こんな面会を続けることができたら、きっと思春期になっても、もう面会はいらない、と言うのではなくて、子どものほうから、何かやりたいから手伝ってくれ、なんて言い出すんじゃないかな、とそんな気がします。

子どもにあまり会えなくてつらい思いに囚われている親に、会えた時にはいい面会にできるよう、対人スキルやコミュスキル、何より子どもと楽しめるネタやら子どもと一緒に感動できる感性を磨いてほしいと思います。だから、よその子ともしっかり遊んでほしいし、自分の人生や暮らしを楽しむゆとりも身につけてほしいと願わずにいられません。

キャンプセラピー

キャンプセラピーにはたいてい十数人の大人たちと、やはり10人近い子どもたちが参加します。その多くは離婚や別居で傷ついた体験をもつ大人と子ども。

大人たちは、日常では話せない夫婦間の問題について本音で話せるだけでなく、いろんな立場の男女がいるから、自分の痛みだけではなくて、知らなかった他者の痛みにも思い至ることもあるし、女が男の、男が女の気持ちを理解することも可能です。

ここまでは毎月のグルメナイトと同じだけれど、さすがにキャンプとなると、子どもたちにとっては大きな意味の違いもあるようです。

キャンプ場は林の中にあるキャンプサイトだったり、広い農園の中だったりで、騒ごうが暴れようがクレームはありません。日頃はゲームにかじりついている子どもも、体を動かすことが楽しくて仕方ないようです。いつもは学校や家庭周辺の日常で、大騒ぎや大暴れはできないし、いつも大人の監視や管理があり、あるがままの自分でいられることはありません。大人の価値観から外れることは許されないのに、その大人たち自身もいろいろトラブルを起こして葛藤を抱えている、一体どうすればいいのか、混乱し、不安になるのも当たり前。

けれど、グルナイやキャンプでは、子どもをコントロールしない大人ばかりだし、大人自身も子どもと一緒に遊んだり、おバカな話をしたり、子どもから見ても大人に不一致は感じないでしょう。一泊のキャンプだけれど、子どもたちは楽しんでくれるし、つらい状況にある何人かの子どもたちも、随分元気になってくれます。

親が離婚してかわいそうな子どもとか、ダメな子とか、フツーの家庭と違うからとか、世間の価値観で語る大人がいないこと、子どもを大人の都合や価値観だけでコントロールする大人がいないこと、子どもたちが自分の心や体の欲するままに動けること……これらがどれだけ子どもの癒しや成長に寄与するか……現場を見ないとなかなか理解できないことでしょうけれど……。

問題は子どもにあるのではなく、子どもたちをコントロールする大人たちや社会にあるのだけれど、なかなかその視点にはいきつきません。特に教育者やら医療者やら、コントロールパワーをもって仕事して、なおかつそのコントロールパワーに依存し、そのことに無自覚な専門家たちには難しいことかもしれません。

「回復」の要、カウンセリング数が物語るもの

最後に、日本家族再生センターにおけるカウンセリング実践の状況を見てみます。

この15年の間のカウンセリング数は、２００３年の設立当初は年間３５０件ほど。その後料金の改定などにより年間２５０～３００件台で推移していましたが、２０１３年頃から漸増し年間３９０件～４００件までになり、昨年は年間５００件を超えることになりました。

センター設立以前からメンズカウンセリングとして私がカウンセリングしてきた実数は２０１７年末までの総計で５５００件を超えることになりました。男女比は女44・5％、男55・5％で、この比率は大きく変化していません。が、ここ数年女性の比率が徐々に上がり、昨年は男女差は逆転し、女性52％、男性48％となりました。主訴の内訳はＤＶが21％、それ以外の夫婦関係が34％で、いずれにしても夫婦間の問題が半数以上ですが、そのあたりは当センターの特異性からくるものと思われます。

なお、５５００件はのべ件数であり、カウンセリングした案件の数は１３０４件です。一度に

複数人での来談もあるので、１３５０人ほどが来談したことになります。初回で終わったケースもありますが、その後48・７％が再来談されており、さらに5回までリピートされる方は20％、10回が9％、15回が5・７％、20回以上の来談をされる方は3・6％おられます。

この再来者の割合が多いのか少ないのか、その意味はどうなのか、検証したことはありませんが、当方のシステムでは予約は任意に受けるけれど、こちらから次回の予約を求めることはあまりないし、インテークの段階で回数を決めて来談を受けることもしていません。来るも来ないもクライアントの自由です。また料金設定も1時間あたり３０００円としているので、カウンセリングを受けるか否か悩む人に対しては、受けることを選択しやすい状況と言えるでしょう。営業的には不利ですが、困り果てている方が料金で来談を諦めてほしくないとの思いがあり、この料金設定は当面変える予定はありません。

家族の変化に応じて悩みや困難の質も内容も変わる

来談が終わっても、必ずしもこちらとの関係が切れたというわけではなく、グループワークやグルメナイト参加者としてこちらの支援を受け続ける人も少なくありません。またグループワークとカウンセリングとを併用される方もおられます。いずれにしても、多様な支援の中から、必要な支援を適宜選択して長期間に渡って支援を受け続ける人の存在も少なくありません。中には、センター設立当初より15年ほどカウンセリング利用を続けておられる方もおられます。と言いますのは、本人の体調や生活も時と共に変わるし、家族の変化に応じて悩みや困難の質も内容も変わっていきます。継続的に理解してもらえているカウンセラーがいるのといないのとでは、生活に及ぼす安心感も違うものと思われます。

そういった意味では、担当者がコロコロ変わらない、悩みの内容に応じて担当者が変わらない、というのは、話す当事者にとっては負担が少なくなるというメリットがあります。ワンストップで継続的な支援を受けられるというメリットはとても大きなものがあるように思います。けれど、それはカウンセラーにとっては、かなり高いハードルを越えなくてはならないことかもしれません。様々な家族の予測できない問題に向き合い、じっくり対話を重ねてクライアントを楽にしながらクライアント自身が問題解決していけるようなサポートを提供するわけですから。

もちろん、そのカウンセラーがケースを1人で抱え込むのはいいこととは思えませんし、リスクも高まります。そのリスク回避のためには、つねにカンファレンスを通じて、仲間との相互支援体制の中でクライアントを支援していくことが必要です。

当センターのクライアントの主訴は先述したように夫婦間問題が55%ほどであり、DVや保護命令、離婚調停や訴訟、引き離し問題や面会交流などの係争関係にある事例も少なくありません。もちろん法的な助言はする立場にはありませんけれど、クライアントの悩みが様々な状況に起因することも事実ですから、家族をめぐる法律や制度の実態やそれらに関する国際比較などの知識も不可欠です。クライアントの語りの意味もわからず「ふんふん」と聞いているのは失礼ですし、何も知らずに悩みを理解することも共感することもできません。クライアントの語りを聴き、感情を昇華してもらうだけではなく、状況の悪化を防ぎ、困難を脱するための対話では、コンサル的な聴き方も必要です。さらに認知や情動に関わる生育の問題にもフォーカスしなければ、根本的な問題解決には至りません。

そのためには認知に関わるセラピーやトラウマに対する精神分析的なセラピーも必要でしょう。そして、それらが解決した頃には新たな人生の物語を紡ぐためのセラピーとしてナラティブセラピーを用いることも常道です。その際には、自分の人生の物語の材料としては、多様な家族像、多様な人生モデル、などなど、常識や一般論からかけ離れた価値観もまた必要な場合もあります。セラピストが常識や一般論に縛られていては、その視点からの物語は紡ぐことができません。「私が常々共犯者になる覚悟はあるか」と問うところです。

さらに、単にクライアントが自分の人生を確かな道として選び得たとしても、問題の本質である社会のパワーコントロールシステムに対して、それに加担した生き方ではなく、脱パワーコントロールの人生を選びつつ社会に帰ってほしいと願いつつ、私は支援を続けます。それが社会の非暴力化に寄与し、問題の本質に対する対策につながるからです。これを私はメンズセラピーにおける「ポジティブ還元」と称しています。

【図表2】

次の図が基本の流れになりますが、重なりつつ入れ替わりもありつつといったところでしょうか。

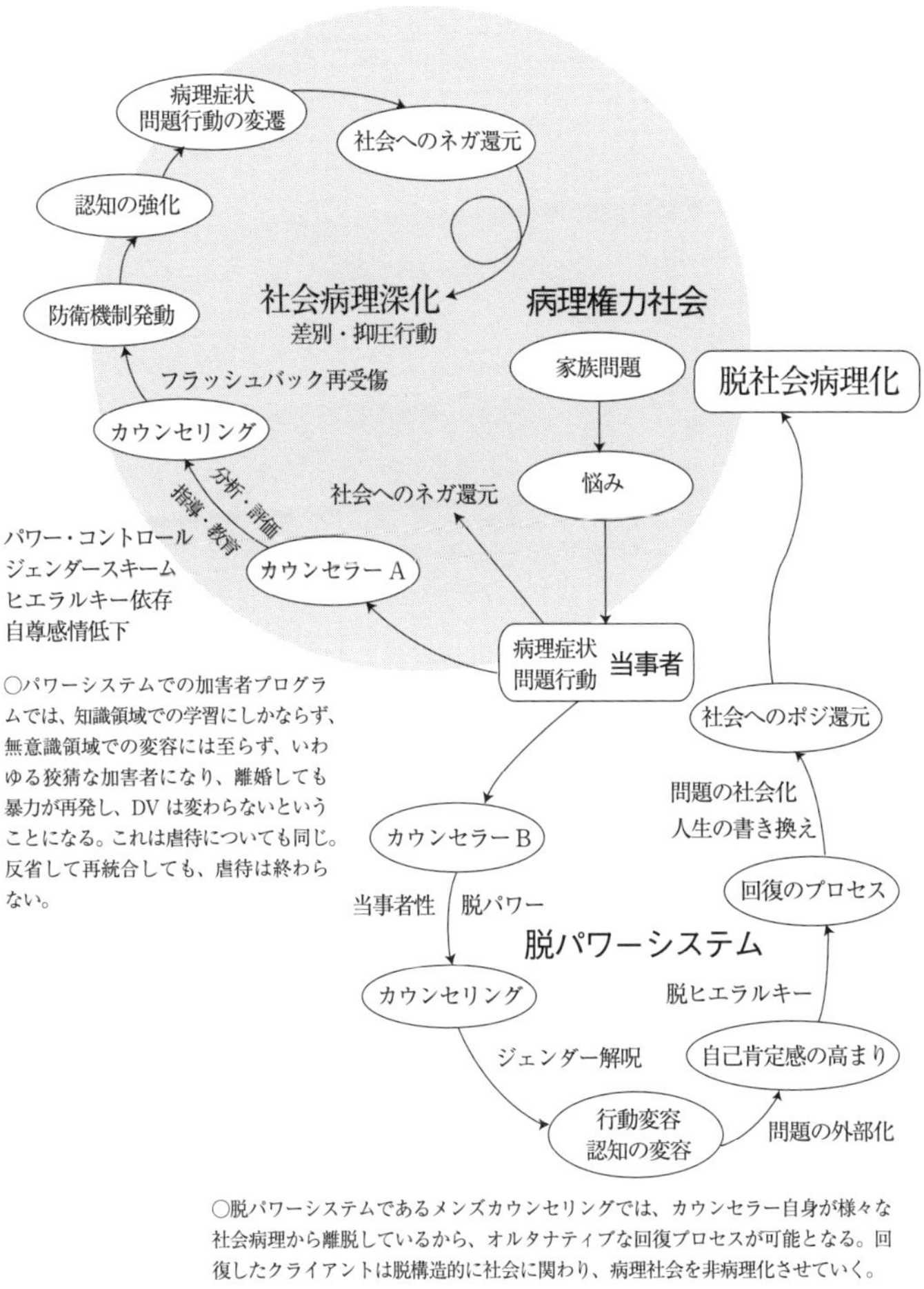

図表2　システム論　味沢道明『〜メンズカウンセリングステップ2〜　メンズカウンセリング実践テキスト』(レターカウンセリングあのね)より

この図が表しているのは、我が国の男性運動や男性解放運動の始まりと、その現在に至るまでの流れ。すべてを網羅するものではなく、運動の主流に関わってきた味沢の認識によるもので、関係する個人名も一部（必ずしも代表というわけではない）を記載。時代や年はおおよそで、厳密ではない。破線で囲んだ団体は、現在活動が確認できていないか消滅した団体。

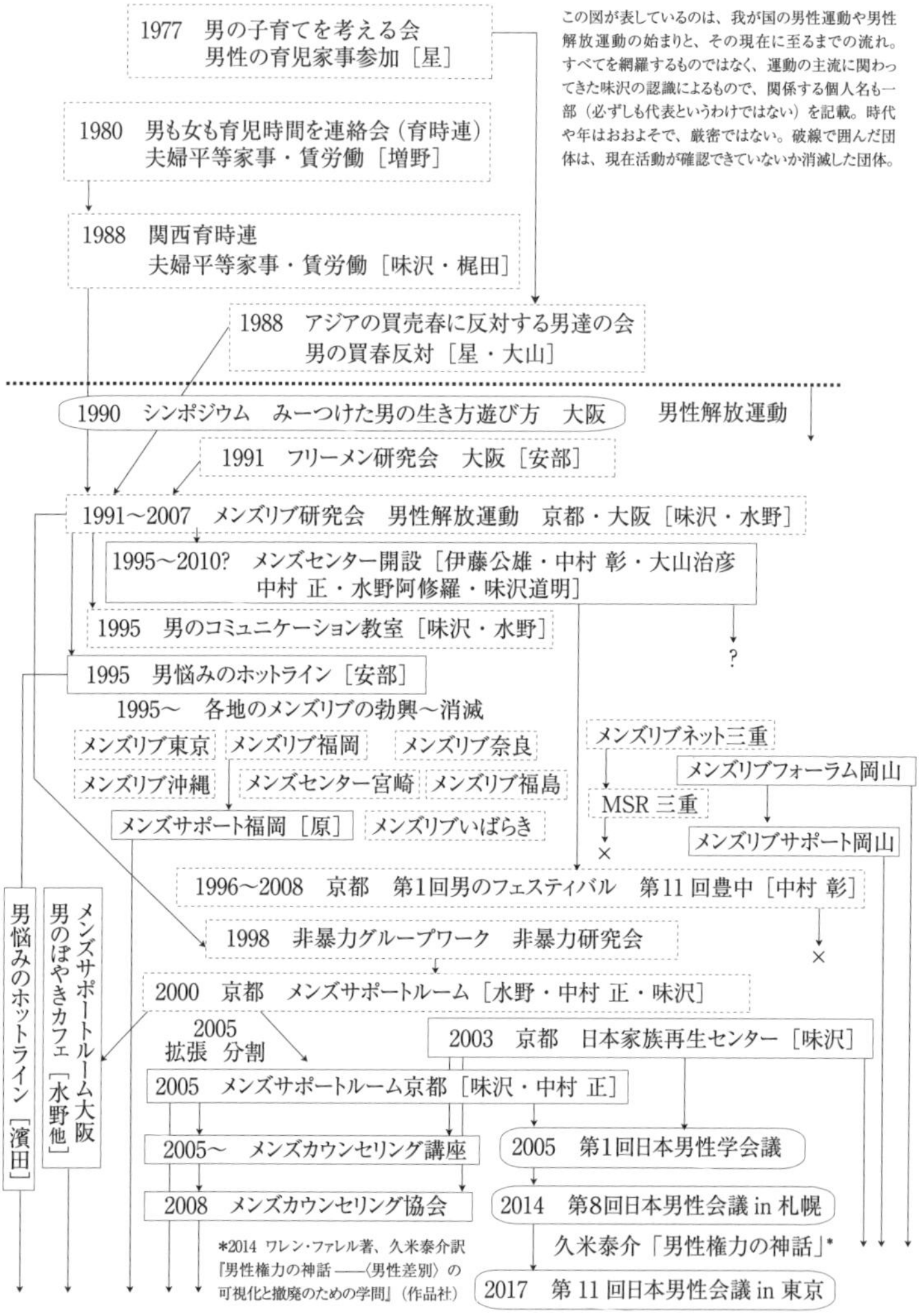

図表3　メンズリブ運動の系譜（メンズリブ研究会の流れを中心に）　著者作成

Ⅱ章

「回復」と「再生」の物語
——被害・加害当事者より

＊筆者の名前は、p196の中村カズノリさん以外、すべて仮名、ニックネーム、イニシャルにしています。

体験漫画　本当の「幸せ」を見つけるために

作・画　もりこ

結婚相手はモラハラ夫！

奴隷生活から病気に

以下の活動をしているので、ご興味のある方はぜひご覧ください。
・ちゃぶ台返し女子アクション　http://chabujo.com
・Facebookグループ「自分を取り戻す～パワハラ・モラハラ・毒親への対処法」

逃走～DV支援巡り

「思い込み」を外して

体験談①

「わかり合えないパートナーとの暮らし」から学んだこと

19　男性

私が10余年の結婚生活に終止符を打つに至った過程と、それと並行して味沢さんの支援で得た「学び」や「回復」について記したいと思います。

私は大学卒業後、ある金融機関に勤務しており、妻とは職場の先輩の紹介で出会いました。2人はすぐに結婚を意識するようになり、途中、私の転勤によって遠距離恋愛になりましたが、それを乗り越え結婚しました。

結婚後も私の仕事は激務で転勤も頻繁に繰り返しましたが、私は仕事を精一杯頑張ることで、妻は専業主婦として私を支えることで、2人手を取り合って家庭を支えていました。

私は早朝から深夜まで私を滅して働き、酒もタバコもギャンブルも浮気も一切しませんでしたが、家庭では自由奔放で亭主関白な夫として過ごしていました。妻は時にそんな私を茶化しつつ、いつもそばに寄り添ってくれるとても愛らしい女性でした。

2人は兄妹のようでもあり、友だちのようでもありました。リーダーシップをとり「家」を先導する私と、私に寄り添いサポートする妻とは（思い出が美化されていることを差し引いても）ガッチリと歯車が噛み合っていて、同期や同級生の中でも群を抜いておしどり夫婦だと評判でした。

長い期間の遠距離恋愛を経て結婚したこともあり、私たちはしばらく子どもをつくらずにいましたが、いつしか子どもを望むようになり、幾度かの流産や数年間の不妊治療を経て待望の長男をもうけました。私たちは、家族3人の元により一層の幸福が訪れることを確信していました。

しかし、少なくとも私には父、夫、サラリーマンの3役をソツなくこなしていく力量がなく、間もなく関係は破綻へと向かいました。

妻は初めての、しかも親族も友人もいない遠隔地での育児に悪戦苦闘していました。私も日付が変わる頃に帰宅してもなお寝ついていない息子を早朝まで抱っこしあやしたりはしたものの、いわゆる「ワンオペ育児」でした。妻も「外で仕事をしない分、家事と育児は私が責任をもって受けもつところ」と、私には分担を求めませんでした。

一方その頃、私は30代の半ばに差し掛かり、一担当者から中間管理職へ変遷していく時期で、仕事の変化に対応しきれずストレスがピークに達していました。育児で精一杯になっている妻を支えることなど私にはできず、むしろ妻が結婚当初のようには私に構ってくれないことに対する寂しさ、悲しさ、悔しさ、苛立ちの気持ちで一杯になっていました。ですが、当時は育児で精一杯の妻に「子どもだけでなくて僕のことも構ってほしい。僕は君（妻）のことが好きだから、君にも僕のことを好きでいてほしい」と伝えるのは格好の悪いことだと思っていました。

いつしか「何で家族のためにつらい仕事を頑張っている僕の気持ちをわからないんだ。愛情が冷めたんだろう」と、妻を責める言葉を吐く日々となり、それは長く続きました。妻がその状況をつらいと思っていたことも、妻にその状況を解消する手立てがないことも、内心ではわかっていました。仕事中も「今日こそは仲直りをしよう」と何度も何度も思っていました。仲直りをして一緒に食べようと、手土産を買って帰ったことも何度もあります。

ですが、家に帰って妻の顔を見ると、やっぱり自分から仲直りの言葉をかけることの格好悪さを乗り越えられず、仲直りの言葉をかけられない苛立ちをまた、妻にぶつけて過ごしていました。

「家族間の葛藤」という人生の危機を語り合える場で

そんなある日、いつも通り息子を幼稚園に送りに出かけたはずの妻が姿を消しました。幼稚園に問い合わせても「居場所は知りません。電話を切ります」といった冷たい対応でした。

パニックになった私は仕事も手につかず、1日中インターネットで「自身に今、何が起きているのか」「どう対処したらいいのか」を検索し続けました。そんな姿を上司からも叱責されましたが、顔面蒼白なまま仕事そっちのけでインターネットをいじる日々が1ケ月ほどは続いたと思います。「モラハラ」「離婚調停」「親による子の連れ去り」etc……いろんなキーワードで検索を繰り返し、「誰にでも離婚回避できる」などと謳った怪しげなDVDを買おうかとも考えました。自分の人格に異常があるのではないかと疑い「加害者更生プログラム」なるものを受講しようかとも考えました。

しかし、どれも自分の考えにしっくりこず「窮地に追い込まれた自分から、さらにお金を詐取しようとしているだけの代物ではないだろうか」と、二の足を踏まざるを得ないものばかりでした。

そんな中、日本家族再生センターのホームページと味沢さんのブログを見つけました。

仕事も手につかず、丸1日ブログを読み耽って過ごすうちに味沢さんの家族間葛藤に対する見解に共感し、「一度、味沢さんに話を聞いてもらおうか」と考えるようになり、日本家族再生センターを訪問しました。

味沢さんは、皆から疎外されていた私の意見をしっかりと聞いてくださり、私が傷ついていることを認めてくれました。その上で「厳しい状況にはあるけど、1人じゃないから一緒に改善策を考えていこう」とおっしゃってくれました。

その後も継続的に個別カウンセリングを受けながら、それと平行して私と同じように家族(夫婦や親子)間の葛藤に悩む参加者とのグループワークに出席することが毎月の習慣になりました。

グループワークは京都、大阪、東京で毎月複数回開催され「男性中心」「女性中心」「男女混合」と一定の区分けはされているものの、味沢さんをはじめとしたファシリテーターのオーガナイズの下、男性、女性、加害、被害の区別なく(時には参加者の幼な子たちも入り乱れて)参加し対話を重ねることができる場です。

日頃、職場の同僚とも親族とも「家族間の葛藤」という人生の中でも最大級の危機について、悩みや経験を語り合うことができずに肩身の狭い思いをしている私にとって、今でも唯一自分の本音を解放できる場だと思っています。また、私は子どもと会えない日々を

1年近く経験していたため、参加者の子どもたちと触れ合うことでやり場のない父性を満たす場でもありました。

　グループワークでは様々な立場で家族間の葛藤に悩む方々が参加されますが、まず自分と同じ「いわゆる加害」の立場にある男女と対話を重ねることからは、様々な価値観に触れ「自分の価値観が絶対的な正解とは限らないんだ」という事実に改めて気づくとともに、「それにもかかわらず、参加する皆が等しく家族間の葛藤に悩み苦しんでいる。自分の人格に異常があるからこのような夫婦問題に発展したのではなく、社会から教えられ皆が身につけてきたジェンダーバイアスや家族に対する幻想が自分たち自身を苦しめているんだ」ということに気づく機会を得られました。

　一方で「いわゆる被害」の立場にある男女との対話では「物理的に殴られることよりも、時として言葉で責められることのほうが深く傷が残った」という意見を聞き、私は愕然としました。私は「多少言葉で責めることをしても、物理的に殴ることに比べれば罪は軽い」と思っていたのです。

　味沢さんの支援では（加害の立場であれ、被害の立場であれ）、女性と男性が一緒に語り合う機会が多いため、何十人もの女性と対話を重ねることで「女性の価値観や、女性の生きづらさ」を聞かせてもらえるのですが、その都度、自分の価値観、男性の価値観とのあまりの違いに何度も何度もカルチャーショックを受けてきました。逆に、参加されている女性たちには「男性の価値観や、男性の生きづらさ」を私が語ることで、少しでも男女間の相互理解に近づくことができているのではないかと感じます。

また、とりわけ「モラハラで苦しんでいる女性」には、「なぜ私がモラハラをしていたのか」その内心の部分（妻に構ってほしかった、子どもに妻を取られて寂しかった、なのにそれを素直に言うことがどうしてもできなかった）を私が語ることで、少しでも「モラハラ男って思っていたより怖くないいんだな」と思ってもらえる機会になったのではないかと思っています。「葛藤を抱えた妻（夫）本人」を目の前にしては素直に言えず、素直に聞けないことであっても、「同じ家族間の葛藤に悩む仲間」の前だと、素直に言え、素直に聞けるのもグループワークの不思議な力だと思います。

今も続く、理解してもらえない苦しみ

次に、この日本に生まれ、結婚し子どもをもうけ、そして家族が崩壊していく過程を経験した中でこの家族間葛藤について私が初めて知ったこと、感じたことを記します。

この経験をしなければ、私は決して知ることのなかったこと、感じることのなかったこと、です。

ひとつは、妻を傷つけてしまっていた私を筆頭に世の中の日本人が男女を問わず「家族間の人権、あるいは夫婦間のパートナーシップについて、あまりにも意識・関心が低く無知だ」ということ。さらには『意識・関心が低く無知であることにすら、皆無自覚である』ということです。

私自身、こうして子どもに自由に会うことすらできない苦しい毎日を経験しなければ、そんなことに考えも及びませんでした。また、「離婚したからには本人に問題があるんだろう。いつまでも苦しんでいるフリをするな」という周囲の意見を目にするたびに、理解してもらえない苦しみに傷ついてきました。その苦しみは、今もなお続いています。

ふたつ目は「家族にとって一番の幸せを実現できるよう親身になって話し合い解決しようとする機能など、この国の司法には（裁判所にも弁護士にも）ない」ということです。私は離婚にあたっては、裁判所での離婚調停も経験し、私も弁護士と契約し相談しながら対応しました。

しかし裁判所と弁護士のどちらもが「単なる一案件でしかない人物の一生がどうなろうと、知ったことではない。どうせ私たちにできることは限られているから、決められた時間の中でとっとと処理して次の案件に取り掛かりたい」と思っていることがよく伝わってくる応対でした。

私自身、接する人物たちの一生を背負う覚悟で仕事をしているわけでもないことを考えると、彼らの応対も無理もないことなのかもしれません。ですが、やはりこの国の司法のレベルの低さには、裏切られた感覚があります。

最後は「夫婦間葛藤がエスカレートしたら引き離ししろ。離婚しなければ解決しない。離婚すれば解決する」という言説はハッキリと誤りだ、ということです。

もちろん命の危険がある場合など隔離しなければいけないケースもあるのかと思います。ですが、少なくとも私のケースにおいて「私がこの離婚問題の中で唯一（他害であれ自害であれ）物理的暴力の衝動を抑えられなくなりそうになった瞬間」は、妻子の安否を知っているはずの関係者からも除け者にされ「私は世界中から阻害されており、誰一人私の気持ちや言い分などわかってくれない」と感じた時。つまり疎外されていることを感じた瞬間でした。

世の中には家族間葛藤がエスカレートし、不幸にも殺人事件や自殺につながったケースも数多く報道されますが、私から見れば「きちんと双方の言い分を聞き、公平公正に仲裁してくれる機能がどこかにあれば、どれだけの事件が防げたのだろう」と思わざるを得ません。味沢さんがいなければ、私も殺人事件か自殺か暴力沙汰か、事件・事故を起こしてしまっていたのかもしれません。

「イラッとする瞬間」は変わらないけれど

味沢さんの支援では、これら日本の社会では知ることのない「家族問題」について俯瞰的な視点からの見解を示してくれたり、「日本の社会システム（司法や行政など家族間葛藤の援助システム）の欠陥に対する補完」をしてくれているように思います。

グループワークでは、同じように家族間の葛藤に傷ついた参加者が「家族とは何なのか、パートナーシップとは何なのか、自分とは何なのか、今まで自分が培ってきた常識が本当に自分を幸せにしているのか、苦しめてはいないのか」を考える機会をもちます。また、男性、女性、加害、被害を問わず家族間の葛藤に傷ついた者同士が語り合うことで、これまで気づかなかった「パートナーの傷つき」に気づいていきます。

また、カウンセリングではどこまでも言い分を聞いてくれ、「仮に表向きは加害者の立場にあるとしても、その心の中に傷つきを抱えていること」を認め、受容してくれました。また、離婚協議の過程においても、「法という正論で白黒をつけるのではなく、気持ちを伝え相互の信頼関係を取り戻すこと」をアドバイスしてくれました。

このようなことから、別居後に様々な学びや気づきを得たものの、それでも同居中の私は夫として父親としてあまりに未熟でした。その結果、最終的に妻とは離婚に至りました。

その事実は私にとって今もなお、大きな破片として心に突き刺さっています。ですが、私が2年以上に渡って味沢さんの支援にお世話になり、家族の崩壊を経験する中で傷つき自暴自棄になりそうになりながらも仲間たちに支えられて得てきたたくさんの学びや気づきは、きっと私を成長させてくれていると確信しています。

それでも私には「DVはなおる」のかどうか、わかりません。あれから一度も「パートナーのいる暮らし」をしたことがないからです。今も「イラッとする瞬間」自体はそう大きく変わっていません。でも「今、イラッとしてるな」と自分の気持ちを客観的に見ることはできるようになりました。

その上で、気持ちを脊髄反射的に苛立ちの対象にぶつけるのではなく、「イラッとしているのは自分の気持ちの問題で、相手がどうふるまうかは相手の問題。相手のふるまいを自分がコントロールする筋合いがあるだろうか？　この気持ちは相手に伝えるべきだろうか？　伝えるとしたら、どうやって伝えたらうまく受け取ってもらえるだろうか」ということを考えるようになりました。

私の回復は「わかり合えると信じたはずなのにわかり合えない、パートナーとの暮らし」を乗りこなしていくことで、初めてひとつの到達点にたどり着くと今は思っています。

体験談②

夫が逮捕されたあの日から

S子　女性

夫の私に対するDVが始まったのは結婚後2ケ月ほど経った頃でした。

その頃は身体的な暴力はまだなく、私の外出先に頻繁にメールや電話をしてきて私の行動を監視・制限する、持ち物や服装をチェックする、徹夜で12時間にも及ぶ長時間の説教をするなどでした。

当時、私はモラハラという言葉を知らず、単に夫の性格が粘着質なのだろうと思っていました。夫婦喧嘩のない期間は1週間も続かないほど喧嘩ばかりの日々でした。喧嘩の原因はというと、よくわかりませんでした。私が夫の期待通りに動かない場合や、仕事のストレスがたまっている時に夫の機嫌が悪くなり、大喧嘩に発展していたように思います。

同居開始から月日が経つにつれ、夫の怒り方は徐々に激しくなり、大声で怒鳴ったり、壁や床を殴ったり、家具を壊したりするようになりました。夫の母親にも相談しましたが、「仕事でストレスがたまっているのよ。あの子は真面目だから、飲み歩いたりもしないでしょう。あなた（私のこと）が何かあの子を怒らせるようなことを言ったんじゃないの？」と言われるだけでした。

結婚後8ケ月頃には、私は夫の帰宅時間が近づくと、動悸、息切れ、冷や汗、手足の震えなどの症状が出始め、心療内科にかかりました。心療内科では、パニック発作、うつ病と診断され、抗不安剤と抗うつ剤を処方されました。薬を飲むと症状は一時的に消え、飲むのをやめるとまた症状が出るといったことの繰り返しでした。「夫のせいでこのような症状が出ている」とは自分でもわかっていましたが、心のどこかに「自分が悪いのだ」という思いがありました。夫は常々、「夫婦喧嘩の原因はお前にある」と言っていたので、いつの間にか私は自分に原因があるのではないかと思うようになっていました。

結婚後1年2ケ月頃になると、夫は私を突き飛ばしたり、襟首をつかんだり、私が家の中でトイレに逃げ込んでカギをかけても執拗に追ってきて、ドライバーでカギをこじ開けて引きずり出したりするようになりました。また、夫は「自殺する」と言って部屋にある物を包丁で滅多刺しにしたり、自分の腹や首を包丁で刺そうとしたりすることもありました。あるいは、私を車の助手席に乗せ、「車をぶつけて死んでやる」と言って猛スピードで運転したりもしました。

それでも当時の私は、それがDVだとは思いもしなかったのです。DVという言葉は知っていました。でもDVは殴る・蹴るのことで、自分のケースがそれに当たるとは夢にも思いませんでした。むしろ、夫は精神的な病気で、何とかして治療に連れて行かなければと思っていました。

その頃の私は、「夫婦喧嘩、つらい」などのキーワードでネットサーフィンをして気を紛らわせていました。ある日、検索したどこかのホームページで「彼とのケンカがつらい時、それはDVかも知れません」という記事を見ました。そしてそのページにあったDVチェック表をチェックしてみると、ほとんどの項目に当てはまったのです。自分の状況がDVだと知った瞬間でした。

穏やかな時を取り戻せるという期待を捨てきれず

それ以後、私は夫に内緒で市の女性サポートセンターやDV被害者支援のNPO団体などに電話や面談で相談するようになりました。どこに相談しても共通して言われたのは、保護命令を裁判所に申立てた上で「とにかく一刻も早く夫の知らないところへ逃げなさい」ということでした。そして、いわゆる公的な「シェルター」の利用の仕方を教わりました。

でも私は公的シェルターに行く勇気がもてませんでした。公的シェルターでは、一旦シェルターに入ると外部との連絡は自由にとることができません。電話もメールもできず、外出もできません。誰にもシェルターの場所を知られてはならないからです。10年以上勤めた会社も辞めなくてはならないでしょう。夫が実家に張り込んでいるかもしれませんから、実家にも帰れなくなるでしょう。親の死に目にも会えないでしょう。親友や幼馴染とももう会えなくなるでしょう。

シェルターで身を隠した後、どこか夫の知らない場所へと転居するのです。土地勘もない、知り合いもいない見ず知らずの土地で、夫から居場所を突き止められないよう常に警戒を怠らないようにしながら、幼い子どもを抱えて生活するのです。そのような生活は、想像するだけで気が滅入り、明るい未来が思い浮かびませんでした。犯罪者でもないのに、なぜ逃亡者のような生活をしなければならないのか、理不尽に思えました。私はそのような生活を選ぶ気にはなれませんでした。

結局、家を出ないまま数ケ月暮らし、その間にも夫の暴力はエスカレートしていきました。夫に罵倒され突き飛ばされて、靴下のまま家から必死に逃げ出し、近くの交番に駆け込んだこともありました。霜の降りる真冬の夜中にコートも着ずに着の身着のまま逃げ出して、一晩中ビルの植え込みの中に震えながら隠れていたこともありました。地元の警察とはすっかり顔なじみになりました。

結婚から2年半経ったある日、夜中に夫に張り倒されて私の顔は腫れあがり全身アザだらけになって家から逃げ出し、警察に駆け込みました。警察では夫を傷害罪で逮捕できると言われましたが、「逮捕されれば失職するだろう。子どもの養育費はどうなるのか……」と思い、被害届は出しませんでした。警察では裁判所による保護命令とシェルターについて教わりました。でも、その時もシェルターに避難する決心をつけられず、知り合いの家に行ってかくまってもらうことにしました。

当時10ケ月だった子どもは連れ出せませんでした。私が家から逃げ出す時、夫が子どもを固く抱きかかえていたのです。夫は子どもには手を出しません。夫は子どもを溺愛していました。

私が家を出た後、夫は私を探し回ったようで、私宛の年賀状の住所から知り合いの家を探し出して押しかけてきました。夫は暴力的になった直後、いつも別人のように優しくなりました。知り合いの家でも、私に何度も土下座をして謝り、二度と暴力は振るわないと誓いました。私は今度こそ夫は変わってくれるのではと淡い期待を抱いてしまい、結局また夫の元に戻ってしまいました。

夫との生活では楽しいこともありました。夫が穏やかな時の楽しい思い出が、私の判断を遅らせてしまいました。穏やかで楽しい時をまた取り戻せるのではないかという期待を捨てきれずにいたのです。今回も事件後しばらくは、夫は穏やかでした。私が夫に心療内科に行って自分の暴力性と向き合ってほしいと頼むと、夫は受診し、カウンセリングにも定期的に通うようになりました。

それでも半年ほど経つと、また夫の不機嫌が顔を出し始め、私も夫を刺激しないよう、腫れ物に触るような日々を送っていました。

私の寂しさ、怒り、悲しみをいたわってくれたもの

前述の殴打事件からちょうど2年経った頃、夫がまた家の中で私を蹴り、押さえつけて口と鼻を手でふさぐなどし、私の悲鳴を聞いた隣人の通報で警察が駆けつける事態が起こりました。今度は私も懲りて、警察に夫を逮捕してほしいと言い、夫はその場で逮捕されました。夫が連行された後、私は警察から彼の知らない場所へとにかく一刻も早く逃げるよう強くすすめられました。今回は子どもが私の手元にいたので、すぐに子どもを連れて逃げることを決めました。でも一体どこへ行けばいいのか。公的シェルターは私にはとても敷居の高いところでした。

その時に頭に浮かんだのが、日本家族再生センターでした。センターは、私がＤＶに悩

んでネットでいろいろ検索している時にホームページを偶然見つけて知りました。そこに書いてあった「加害者が脱暴力しない限り、被害者が加害者から逃げ回る生活は続き、本当の平安は訪れない。逃げろ、隠れろと言われ加害者から離れたとしても、被害者のその後の生活は経済的心的不安を抱えたままで幸せとは言えないものになる」という内容に強く共感しました。「ここのシェルターなら私にも入れるのではないか」と思い、ケガを負った震える手で受話器を取り、センターに電話をかけました。こうして私はセンターの支援を受けることになりました。

シェルターに子どもと到着した時、私は心身ともに疲れ切っていました。打撲跡はズキズキと痛み、筋肉痛があり、骨折の恐れありと診断された顔も顎《あご》を動かすとズキンと痛みが走りました。前日に暴力に直面していたためか、精神は変に興奮状態でした。髪を振り乱し、目は見開いて血走っていたと思います。2歳の子どもは私にしがみついて離れませんでした。少し大きな物音がすると、おびえて私の胸に顔をうずめて耳をふさいでいました。

そんな私たちを、センターの方たちは穏やかな笑顔で迎えてくださり、特に何か事情を詳細に聴き出すとか、何かを指示するとかでもなく、お茶を入れて、温かく清潔で静かな個室で私たちを休ませてくれました。夕方になると、台所から夕食の支度をするいい匂いが漂ってきました。そして手作りのおいしい味噌汁とほかほかごはん、いくつものおいしいおかずを出してくれました。その晩、子どもと一緒に温かい布団にもぐると、ようやく長い緊張から解放されたような、ほっとした気持ちになり、今まで精神安定剤の手放せなかった私が、薬も飲まずに翌朝寝坊するほどぐっすりと眠りました。

センターのシェルターでは通信や行動の制限はありません。京都という場所柄、観光するところは山ほどあり、私は子どもを連れてあちこち出歩きました。でも、観光地に行くと、夫婦揃って子どもを遊ばせている幸せで平和そうに見える家族連れに幾度も出くわしました。そのたびに、夫の暴力から逃げて家を出てきた自分がみじめで、人知れず傷つき、つらくなりました。

そんな気持ちを抱えながらシェルターに帰り、玄関のドアを開けると、台所からオーブンでケーキを焼く甘い匂いがただよってきました。鍋で出汁をとるぐつぐつという音とかつお節の香ばしい匂い、まな板で野菜を刻むトントンという音。湯気の混ざった少し湿気の多い、温かいおいしい匂いのする空気。「お帰り」という穏やかな声と微笑み。それらが、私の心の中の寂しさ、虚しさ、怒り、悲しみを優しくいたわってくれました。

ある晩の夕食では、私と私の子ども、それといわゆるＤＶ加害者の男性が一緒に食卓を囲んでいました。いわゆるＤＶ加害者の男性と一緒に食卓を囲むなどとは思いも寄らないことでしたが、実際に恐怖感や違和感はありませんでした。それどころか、男性は離れて暮らす別れた自分の子どもに接するかのように、私の幼い子を可愛がってくれ、男性自身の子に対する思いを語ってくれました。私がつらい思いをした話も静かに聞いてくれました。食卓は、温かく和やかでした。3人で囲む食卓は、かつての自分と子どもと夫の3人の食卓を思い出させ、私は食べながら涙が止まりませんでした。その涙は、家族の食卓を失ってしまったことの口惜しさ、悲しさ、寂しさの涙でした。しかし、同時に、その男性が語ってくれた離れて暮らす自分の子に対する深い愛情や、離れていることの苦悩に対する1人の親としての共感の涙でもありました。

自分自身を見つめ、未来を考える学びの時間

センターにはいわゆる加害男性が多く訪れます。妻が子どもを連れて出て行ってしまい、子どもと何年も会っていない方も多くおられます。その男性たちは自分の子に対する愛情や離れている寂しさを率直に話してくれます。私はシェルターに逃げ込んだ直後は、夫に対する怒り、恐怖心、憎しみ、復讐心が心に渦巻いていて、「子どもには二度と会わせない」と思っていました。

夫が力づくで子どもを連れ去ってしまうのではないかという不安がありましたし、また、

夫は子煩悩でしたので、子どもに会わせないことで、夫に復讐しようとしていたような気がします。しかし、センターで男性たちの話を聞いているうちに、子どもと会えない父親たちの苦しみ、それでも前を向いて現実を受け止めている姿に心を打たれました。父親が子どもを愛する気持ちや子どもが父親を慕う気持ちを、私の怒りや復讐心の犠牲にしてはならないと思うようになりました。

また、センターにはスタッフやクライアントなど、いろいろな人が入れ替わり立ち替わりやってきます。1人で静かにしていたい時はシェルターの個室にこもっていることもできます。

センターに来る人たちは、それぞれに事情を抱え、悩み傷ついた人たちです。痛みを知っているから、不用意に土足で人の心に踏み入ることはありません。好奇心から余計なことを訊くこともなく、高飛車なアドバイスもなく、評価されることもなく、ただ同じ傷ついた者同士として横に座り、共感をもって互いに話をするだけです。同じような経験をした者同士ですから、その日出会ったばかりの人とでも、何の違和感もなく心の深いところにある悩みを語り合い、一緒に泣いたり笑ったりすることができました。そして「また会おうね」と言って笑顔で手を振って別れ、再会すれば「元気だった?」と長年の友人同士のように喜び合います。そのような関係になれるのは、おそらく、「ここではどんな自分でも受け入れてもらえる」という大きな安心感があるからだと思います。

私は当事者同士の安心した語らいの中で、他の人の話を鏡にすることで、自分を見つめ、自分のおかれていた状況を徐々に客観的に見ることができるようになっていきました。自分のことになると、渦中にあり混沌としてよくわからなくても、人の話は冷静に聴くことができました。

他のDV被害女性と話をすると、夫との関係において、私が経験したこととそっくり同じような話が出てきて驚くことがしばしばでした。自分が暴力的になるという自覚のある女性と話す機会もありました。私は男性に対しては警戒心がありましたが、女性の口から、どうして暴力的になってしまうのかを語られると、素直に聞く耳がもて、いわゆる「加害者」の心の動きを知ることができました。

このように、私はセンターのシェルターにいる間に、多くの方と出会い、語り合いました。シェルターには夫の逮捕から緊急避難的に逃げ込んだわけですが、このシェルターは単なる避難所ではありませんでした。同じ当事者同士の語らいから、自分自身を見つめ、夫との生活を振り返り、子どもとの生活の未来を考える学びの場でした。そして何よりも、家庭的な温かさと安心感と笑顔のある楽しい癒しの場で、私にとっては第二の実家とも言えるような場になりました。

「苦しくない」選択肢が用意されるように

現在、私は元の家で、子どもと2人で暮らしています。夫は遠く離れた別の市町村で1人暮らしをしています。シェルターを出た後も、センターのワークに夫婦で参加したり、カップルカウンセリングを利用したりして、夫とのコミュニケーションを続けています。

逮捕事件直後は、子どもは夫を恐れて避けていました。しかし、家族でワークに参加しているうちに、子どもは少しずつ夫の近くに行って一緒に遊べるようになりました。ワークとは別に、センターのビジテーションサービス（面会交流支援）を利用して、スタッフの方につき添ってもらい、夫と子どもと私で動物園や遊園地に出かけたりもしました。こうした夫との交流を重ねるうちに、暗かった子どもの表情にも明るさが戻ってきました。

夫はワークへの参加を続けていて、自分の問題と向かい合っています。私自身は、慣れ親しんだ元の家で、近所に知り合いも友人もいて、長年勤めた会社も辞めずに済みました。親に会いに行くこともできます。もちろん、死に目にも会えるでしょう。結果として、失ったものはほとんどありませんでした。むしろ、センターを利用しているメンバーの新しい友人もでき、交友関係も広がり、逮捕事件以前と比べて、毎日の生活は安全で、楽しく、充実しているとさえ言うことができます。

今これを読んでくださっている方は、現在暴力に耐えておられる方か、ご自身の暴力性と向き合おうとされている方か、あるいはその両方なのか……。もし、あなたが暴力に苦しんでおられる被害者または加害者で、これからどうしたら良いか模索されているのなら、私は当事者としてあなたに伝えたいことがあります。

ご自身にとって苦しみのある選択なら、それを選択しなくてもいいのではないか、ということです。今までの苦しみや傷つきの上に、さらに苦しみや傷つきを重ねる必要など少しもないと思います。楽しそうな未来、心が穏やかになるような未来、自分が少しでも楽になれるような未来を選ぶ。そういう選択肢は必ずあります。

世間一般では、夫の暴力によってケガや命を落とす危険性があるのに、逃げない妻はおかしい、病んでいる、などとしばしば揶揄されます。暴力の危険のある生活と延々と続く逃避行生活。どちらが苦しいのか、単純に天秤にかけられるものではありませんが、ひとつ言えるのは、どちらも「苦しい」と言うことです。それ以外の第三の「苦しくない」選択肢があるのなら、それに越したことはありません。

残念ながら現行の行政の女性支援では「苦しくない」選択肢が用意されていません。もし、行政関係の方がこの本を読んでおられるなら、ぜひとも「苦しくない」選択肢が用意できるような施策の検討をお願いしたいです。

体験談③

妻の失踪から、少し先の将来を楽しみにできるまで

ヤマグチ　男性

その日は突然訪れました。２０１５年8月22日の土曜日。よく晴れた夏の暑い日。妻は娘２人を連れて失踪しました。数日前のお盆休みに私の実家へ帰省した帰り、途中から激しい喧嘩となり、約１週間ほどもめていた直後のことです。失踪から3週間で裁判所から離婚調停の出頭書類が届き、翌年の2月末に正式離婚となりました。原因は私のＤＶによるものです。それ以来、娘たちとは一切会えず、連絡もとれないままに2年が過ぎています。

昭和39年生まれの私は今年54歳。妻に出会ったのは、私の1回目の離婚から約10年が過ぎた42歳の秋でした。妻は8歳年下で初婚。最初の結婚で子どもはいなく、再婚するつも

りはなかった私でしたが、知り合って意気投合し結婚することになりました。お互いに高齢だったこともあり、子どもはすぐにつくりました。妻は一人っ子だったせいもあり子どもに兄弟・姉妹が欲しい要望が強く、その時私の年齢は45歳だったのですが、悩んだ末に2人目をつくることにし3歳年下の妹ができました。

私のDV加害行為は、同居が始まって妻が長女を妊娠した直後から顕著になったと思います。

妻と生まれてくる子どものため、良き夫、良き父親にならなければとの重圧から職場でも部下に対して高圧的な態度をとるようになっていきました。

「仕事は今まで以上にこなし、収入を上げて家族の暮らしを豊かにしたい」という思いが自分の中で空回りし、必要以上に自分にプレッシャーをかけていました。いつしかそれが極度のストレスとなり、家に帰ってからは妻にそのはけ口を求めていたと思います。最初は仕事中に起きたことの愚痴を聞いてもらい同意を求めることから始まり、少しずつ行動も退化していったように思います。

結果、冷蔵庫からビールを持って来させるような些細なことから始まり、子どもの養育方針や家庭内のお金の使い道に至るあらゆることに対して自分の思い通りにならないと、妻を恫喝し物に当たり散らし、喧嘩の後は何日も口をきかないばかりか、家の中で妻の存在を完全に自分の中から消し去り、さもそこに存在しないがごとくふるまってきました。
そんな婚姻生活も10年を迎える頃になると、妻自身の体調にも不調が起き始め、原因不明の帯状疱疹や逆流性胃腸炎、腰痛ｅｔｃ……妻はもう限界だったのでしょう。また、面前ＤＶによる子どもへの影響も危惧していたと思われます。

めばえた殺意と、それが消えた時

さて妻の失踪直後からの私ですが、最初は単なる夫婦喧嘩の延長から離婚したいだけかと思っていましたので、とりあえず最寄りの警察署へ失踪届けを出しに行きました。ところが失踪届けが受理されなかったのです。その時点で初めて妻がＤＶを訴えてシェルターに入ったことを知りました。

その時点では私自身がＤＶ加害者ではないと思っていましたので、子どもたちの親権を有利に取りたいがために「でっちあげＤＶ」にしたのだと思いました。そこでの警察官の対応も、まるで確定した犯罪者の如く扱われ、ひどく憤慨したのを今でも忘れることはできません。

同時に、追い打ちをかけるように、妻が依頼した弁護士から配達証明付き郵便で親族等に接近接触しないようにとの通達書が、続いて裁判所からは離婚調停の出廷書類が届き、私はてっきり妻が相談した弁護士の策略で完全に罠にはめられたのだと思いました。

この時初めて妻に対する殺意がめばえました。いや、妻だけではなく、子どもたちも、弁護士も、対応した警察官も、義理の親も、すべてを殺し自分も死のうと考えていました。

その一方、裁判で何としても娘たちの親権を取りたいと思い、まずは裁判で有利なようにDV加害者のレッテルを剥がそうとしました。いろいろ調べた上で「加害者更生プログラム」に赴き、面談の後に、私がDV加害をしていないことを証明しようと思いました。

さらに日本家族再生センターへも連絡をとりました。当初はセカンドオピニオン的に面談しようと考えていましたが、更生プログラムでの2時間に及ぶ面談で、自分の言動が十分にDV加害であることが理解できました。

その時の私は「DVとは身体的に暴力を振るうこと」だと思っていましたので、大声で怒鳴る・物を壊す・無視するなどの行為は問題ないと思っていたのです。私は初めて、そのような行為(手段)を使って他人をコントロールしようとすることがDVだと知りました。

同時に行った日本家族再生センターでの面談はどうだったかというと、それまでたった1人でもがき苦しんでいたにもかかわらず、自分の話を否定されることなく聴いてもらえたことで、自分の心の大部分を占めていた殺意がすっと消えていきました。面談をしている2時間の間中、今まで経験したことがないくらいにずっと泣きながら話をしていました。

つらい体験も「貴重だった」と思えるように

約1ケ月後の2015年11月、東京で毎月1回開催される非暴力ワークに参加しました。他の更生プログラムにも通い始めていたところでしたので、正直こちらは必要がないのかなと考えていましたが、1回は受けてみて様子を知ろうと思い会場へ行きました。

第一印象は更生プログラムのグループワークとは違い「かなりゆるい」と感じました。「こんなんでなおるのかなあ?」とも思いました。訳のわからないままにほぼ1日参加して、帰り途中では「ああっ! 無駄な時間を過ごしてしまった」とも思いました。

ところが不思議なことに翌日から自分の中に変化が出てきたのです。妻と娘たちが出て行ってからの3ケ月間、ずっと息苦しさに包まれ重苦しかった状態からすっと解放され、何となく心が軽くなりとても楽な気分になれたのです。例えるなら、更生プログラムが接骨院の電気治療で痛みに対しての即効性があるとすれば、味沢さんのワークは遠赤外線・岩盤浴のような後から後からからジワーと効いてくる根本治癒のようでした。

1年半参加し続けてみてわかったことは、最初に感じた「ゆるい感じ」とは、あらゆる価値観やコントロールが排除された安全な場であったからだと思います。自分の感じたこと、自分では気づけなかった自分の感情に気づき、その気持ちを誰からも攻撃されることなく言葉に出せる安心できる場であったということです。更生プログラムが思考にアプローチする学習の領域であるとするなら、味沢さんのワークは心と体の奥深くまでアプローチし、自ら体験・体感し幼少期から抱えていた問題を育て直していくこと。そして暴力をそもそも必要としなくなることだと実感できました。

信じられないかもしれませんが、現在の私は50歳を超えて家族を失い、経済的にも家を失い、養育費も重くのしかかり毎月ギリギリの生活なのですが、離婚前よりも幸せを感じながら生きています。私自身が幼少期から両親の面前ＤＶにさらされ、自分は生まれてくるべき存在ではないと思いながら育ち、一昨年の離婚よりずっと以前からパートナーに対する暴力による支配の連続。好きな人と一緒にいながらも、心は潤うことなくずっと渇いたまま全身が寂寥感に包まれている毎日。そんな状態から52年目にしてやっと抜け出し、自分が本当に自分らしくなれ、自分の人生を歩み始めることができた喜びは何ものにも変えがたいことです。

今では幼少期からつらいと感じていた体験も、ワークを通して少しずつそのストーリーの意味づけが変化してきており、「貴重な体験であり必然だった」と思えるようになりました。味沢さんとの出会いも必然であり、自分に起こったすべてのできごとが「今ここ」にある自分のために用意されたことのようにさえ感じています。

決してあなただけの問題ではない

ワークを通して学んだもうひとつのことは、私の身に起きたことは私自身の固有の問題だけではなく、歴史的・文化的そして社会構造にも起因しているということでした。つまり「誰しもが陥る危険性が（この社会には）潜んでいる」ということです。

最後に私の体験談を読まれている方に伝えたいことは、「決してあなただけの問題ではないし、あなたは1人ぼっちではない」ということ。そして「体の奥底から湧いてきて、抑えることのできないどうしようもない怒りの感情、それによる他者への暴力による支配は捨てることができる」ということです。

今の私は、今日のこれから、そして少しだけ先の将来に何が待っているか？　毎日ワクワクしながら楽しく生きています。

体験談④

私が取り戻した「自分らしい生活」

すみれ　女性

私が味さんのところにたどり着いたのは、結婚して3年経った頃でした。子どもは1歳半でした。

主人からの暴力が初めてあったのは、結婚式の1ケ月前でした。ちょっとしたことで口論となり、押し倒されたり掴み合いになったりした後、拳で顔を思い切り殴られました。みるみる頬が腫れ上がり、また殴られるかもしれない恐怖に、私は家を飛び出して車に乗り込み、自宅から少し離れたところから110番して救急車を呼んでもらいました。

そして、救急車で病院に行った後に警察署に行き、そこから女性支援のシェルターに送られました。

シェルターでは携帯を預け、外部との連絡を自由にとれなくなりました。他にも4人の利用者がいましたが、それぞれの部屋には名前がついていて利用中はその名前で呼ばれます。

10日間ほどいましたが、心理カウンセラーとのカウンセリングが数回あり、それ以外にもカウンセラーと今後どうするかなどの話をしました。

結婚直前の暴力だったので、別れることをすすめられました。でも当時の私は、結婚式の直前で全部をやめにして別れることはできないと思っていました。

結局、身内に不幸があり、予定より早くシェルターを出ることになりました。一旦警察署に送られ、そこで彼と面会し、涙ながらに反省し戻ってほしいと言われ、これだけ反省してくれたのだから大丈夫だろうと思い、戻ることにしました。

結婚生活が始まると、彼は徐々に暴言や物に当たることが増えてきました。ちょっとしたことで腹を立て、大声で怒鳴り散らして暴言を吐くようになりました。それは酔った時も、素面の時もありました。酔った時は、そのことを翌日まったく覚えていませんでした。妊娠中も酔って暴言を吐くなどの行為は収まらず、私は恐怖で何度も家を出て実家に戻ったり、外泊を余儀なくされました。

そのたびに、彼はとても反省し、ある一定の期間は人が変わったように優しくなりました。それでも、何度も同じことが繰り返されるようになり、アルコール問題の病院へ連れて行ったこともありますが、医師からアルコール依存症の症状が出ていると言われても断酒を拒み、何も変わりませんでした。

出産後もたびたび同じことがありました。子どもが生まれたら変わってくれるだろう、などと希望をもっていましたが、一度怒り出すと子どもが泣こうが止まらない姿を見て、もう私ではどうしようもないと感じ、ネットでいろんなことを調べていて、やっぱりこれはＤＶなんだと気がつきました。それまでは、自分がＤＶに遭っていることを認めたくなかった気持ちもあったのだと思います。

彼のコントロールからの脱出

どのサイトを見ても「ＤＶはなおらない」と書いてあり、子どものためにも何とか家族でいたいとの思いもあったので、「ＤＶ」「なおる」などと検索していたら、味さんの書籍にたどり着きました。

注文した本が届くと、彼に見つからないように読んで、すぐに味さんに電話しました。「男性の支援をしている人だから、私の味方はしてくれないかな?」という不安もありましたが、いきなりの電話にもかかわらず、「それは大変だったね」「しんどかったね」と言われて涙が止まりませんでした。

そして、女性ワークに2度参加しました。男性の支援をしているところだと思っていたのですが、女性が集まっていろんな経験を話したり、共感したりして、味さんを慕って他府県からもやってくる人もいて驚きました。

そしてまたすぐに、旅行の最中に何度も繰り返し怒鳴られ暴言を吐かれ、味さんに電話して相談し、旅行から帰った翌日に家を出て味さんのシェルターでお世話になることになりました。

1歳半になる子どもを連れて家を出ることは不安でいっぱいでした。でも、味さんのシェルターでは、電話を取り上げられることも、外出を制限されることもなく、温かくておいしい手料理をいただき、不安な時はいつでも話を聞いてもらいました。以前のシェルターとはまったく違っていました。

味さんは、話の中で「それは彼の問題」「それはあなたの問題」と、どちらが正しい・間違ってるではなく、問題を切り分けて私が自分でわかるようにしてくれました。

約1ケ月の間、シェルターでお世話になりました。その間に彼とのやりとりをし、彼は味さんのカウンセリングを受けることを拒否したので別居することにしました。

彼が家を出てから、私と子どもは帰宅しました。その後、彼との接触もありましたが、もう離婚しようと自分で決めることができました。味さんが、私の問題に気づかせてくれて、私は執着を手放すことができ、彼からのコントロールから脱出する決心ができました。

その後、保護命令を出したり、弁護士に相談したりして調停をし、別居から約7ケ月後に離婚しました。私は味さんに相談しながら調停に挑むことができたので、彼からのきつい反応にも負けない強さを取り戻していくことができました。

本来の自分らしさを取り戻せた感覚は、忘れることはありません。味さんのカウンセリングを受け、女性ワークなどに参加したことで、自分らしさと自分の意思で決定する強さを取り戻しました。

「離婚は避けたい！」と執着していたことで、彼からコントロールを受けていたことに気がつき、味さんから「離婚するしないは問題じゃないよ」と言われていた意味がやっと理解できました。そして、これからの自分と子どもの幸せのために、前向きな気持ちで離婚することを決めることができました。

見える景色がカラーに変わって

今、離婚して10ケ月ほど経ちますが、自分らしくのびのびと生きられている実感があります。それまでずっと、家庭の中で起こる暴言や暴力は、私と彼しか知らないことでした。そして、彼は暴力を認めず、それは私のせいだといつも言われていました。

離婚してコントロールや暴力から解放され、今まで見ていた景色がカラーになったように感じました。今、子どもとの生活はとても安心して暮らせています。

結婚前にやっていた仕事は、彼に辞めろと言われて諦めていたのですが、それも再開して新たな夢ができました。

彼が嫌がって怒るからという理由で縁が切れてしまっていた同級生や知人などの友人関係も、再びつながることができました。

味さんのおかげで、自分の執着や弱さといった問題に気がつけて、それを手放すことができたことで、今とても自由で自分らしい生活を送ることができています。

子どもにとっての父親である彼との関わり方や、子どもに対しての対応など、これからも味さんの家族のための支援を受けていこうと思っています。

困った時、悩んだ時に、いつでも素直な気持ちで相談できる存在が味さんです。味さんの支援を受けられたことを、とても感謝しています。

体験談⑤

最後に笑っていられるように

TM 男性

妻が子どもを連れて家を出た。頭の中が整理できなかった。状況が理解できなかった。当たり前だった親子の関係は絶たれた。毎日顔を合わせていた家族が突然いなくなった。人にとって、もっとも過酷な喪失体験。

直接の原因は僕の暴力だ。僕たち夫婦の生活は砂漠のようだった。帰宅時間は早いものの、自分のために時間を費やしていた。子どもができても僕の生活は以前の延長のままだった。妻の求めるものに対して、一向に満足を与えられなかった。

家事、育児すべてが妻の要求に対して不足していた。気持ちの入り方がまったく違うと感じていた。それゆえ当然、育児に関しては圧倒的に妻が主導。僕もそれを認めていた。出かける際の必要なものの用意も、お風呂上がりの着替えの用意も、食事の用意も妻任せ。

僕は指示に従って言われたことに従うのみ。それでも、そのことも満足に行うことができなかった。家事に関しても同様だった。

妻は育児休暇が終わり仕事に復帰した。状況はますます悪化した。毎日おかしい、おかしい、もうだめだ、と思いながら修正することもできなかった。与えられた指示に対して満足に応えられない自分。そのことに対して納得ができず、認められない妻。いつしか、僕は妻に対し、暴言でしか応えることができなくなっていた。

そんなある日、ついに僕は子どもを抱いた妻に対し、手をあげた。置手紙があった。

僕が彼女に対して手をあげたのはそれだけではなかった。子どもができる以前も、怒りを感じた感情を言葉で表現することができず、手をあげるということがあった。

言葉でも妻を攻撃した。「死ね」と言ったこともある。妻は「死ねなんて今まで言われたことがない」と泣いた。僕はざまあみろ、と思った。僕もそれだけ傷ついているんだ。そんな気持ちだった。

子どもと会えないつらさは問答無用で僕を苦しめた。

その後しばらくは、月に一度、子どもに会わせてもらうことができた。

子どもは、突然いなくなり、月に一度でも会いに来るパパに対して変わらずに接してくれた。

本当にわずかな時間だったが、これまでと同じように本を読んでと持ってきて、まだちゃんと話せないものの、ジャングルジムに登り、こんなこともできるようになったんだよと一生懸命伝えてくれる娘。階段を登り、降りてくる様子も見せてくれた。

お別れの際に見せる娘の悲しい顔が忘れられない。まだ2歳の子どもにこんなにも悲しい表情ができるものなのか。そんな娘に「大丈夫だよ。心配ないよ。また会えるからね」と言ってあげることもできず別れたままだ。

間違いなく、娘を傷つけて、苦しめている。自分のせいだ。どうすることもできない現実にただただ苦しんだ。僕は泣いた。ただただ自然と涙があふれてきた。自分の未熟さゆえに子どもに悲しい思いをさせている。

僕はこう思うようになっていた。きっと彼女のつらさはこんなものじゃなかったのだろう。僕はこれだけ苦しんでも当然だ。それだけのことをやった僕はこの状況を受け入れなければならない。

何をすればいいか……から、認知行動療法を受けるまで

悪ものは誰、悪いのは誰、悪いのは何。

手をあげた直後こそ、相手がそうさせたと思っていたものの、1週間後には自分の過ち

を認識し、改善に試みなければならないと思うようになっていた。

しかし、何をすればいいかがわからない。確実に1人でもできる方法として本を読み始めた。怒りの感情に対処する本を何冊も読んだ。そして、実際に本に書かれている方法を実践していった。どのような時に怒りを感じ、どのように対応したか。感情が動くできごとがあった際に記録をつけていく、アンガーログは、振り返ると、自分の感情をとらえるのに有効だったように思う。

併せてカウンセラーにも相談し始めた。男性電話相談にも電話した。どうしたら良いのか尋ねると、認知行動療法を紹介された。

保険診療として認知行動療法を受けるためには、精神科に通院し、医師の指導の下受ける必要があった。精神科に通院することには抵抗があったが、いくつかのワークシートに応え、事情を説明し希望通り認知行動療法を受けさせてもらうことになった。

ちなみに、僕は妻によく、精神障害者、自己愛性パーソナリティ障害、病院に行ったほうが良いと言われていた。良い機会だと思い、医者に自己申告したものの、鼻で笑われた。精神障害と言われるものの診断結果も得られなかった。

病院は平日の昼間のみで、臨床心理士に相手をしてもらえる時間も30分程度となる。仕事を休む必要もあるため、月に1回30分がいいところで、効果を実感するには時間がかかると思った。

そんな時にカウンセラーから内観療法を紹介された。

内観療法は1週間集中して施設に入り実施することで一層効果が得られると言われているが、やはり仕事があるため、相談して土日や祝日を含めた3連休などを利用して合計で1週間となるよう対応してもらった。その方法はとてもシンプルで「していただいたこと、して返したこと、迷惑かけたこと」を1日中部屋の隅で考えるというものだった。たとえどんなに愛を実感できてこなかったとしても、今の自分があるのは決して1人ではなくどこかで誰かに支えられ、助けられてきたからこそ。して返したことの少なさに、いかに自分本位で生きてきたか。迷惑をかけたことを考えることで、相手の立場に立ってものを見ることに気づいた。迷惑をかけられたことを考えないため、本来人間がもつ心のきれいな部分に焦点が当てられ、終わった後は毎回心が晴れ晴れとした。たくさんのことに気づかされた。

別居親グループでの出会い

妻が出て行った3ヶ月後に僕は図書館で出会ったある本をきっかけに、別居親グループに参加し始めた。

そこには自分と同じように子どもに会えず苦しんでいる親たちがいた。

子どもに会えなくなり、日常が非日常になった。ずっとまったく違う世界で生きてきたと感じてきた中で、心が落ち着く、心が許せる場所だった。そこにいる時間だけは心が安らいだ。

別居親たちは、皆子どもに会うために一生懸命だった。

相手と話ができて子どもに会うことができれば。また、国としてそのような仕組みがあれば。僕たちが子どもに会えるように話し合いの機会をもつ場所が唯一裁判所であった。しかし、その裁判所においてもどうやら機能しているとは言い難い状況。面会交流調停においても、何かと理由をつけて出廷してこない。試行面会が決まっても出廷してこない。やっと条項が定まっても実行されない。そんなやりとりを見聞きするうちに、次第に諦めの境地に至っていた。

また、僕の状況は他の大半の場合と異なっていた。

僕は妻に暴力を振るっていた。いろいろなケースがあるのだが、不貞や暴力など明確な理由がないことが大半だった。明確な理由がないまま、積もり積もった感情が堰《せき》を切り、ある日突然、子どもを連れて出て行ってしまうことが多いように感じた。相手が不貞をして、その不貞相手の元に子どもを連れて行かれ、それ以来子どもと会えなくなることもあった。

僕は自分の住んでいる国に危機感を感じた。何でもありだと自分の価値観を根底から覆されたような感覚に陥った。自分が知っているのはほんのわずかなことで、たった一部でしかなかった。そう思った。

そんな別居親グループの集まりに参加していたのが味沢さんだった。僕はDVについて、日常的に暴力を振るうものと認識していたため、いわゆる改善プログラムを探すことはしてこなかった。また、これまでの電話相談、カウンセラー、内観療法、精神科医からもDVのプログラムについては教えてもらえなかった。

妻が出て行ったことに感謝

僕は日本家族再生センターにつながった。DVという切り口ではあるものの、そこには、男性、女性、暴力を振るった、振るわれたにかかわらず、家族に問題を抱えた人たちが集まっていた。

京都で行われるグループワークに参加するようになった。別居から9ケ月が経っていた。

そこではたくさんの気づきが得られた。

相手が自分の期待に反する時、無意識のうちに怒りを感じたり、期待通りに動くようにコントロールしようとしたりしていた。そのことを冷静に考えることができるようになった。そこに不満を感じることや手をあげてしまうことは、相手の問題なのではなく自分の問題であると捉えることを知った。コミュニケーション能力が低いこと、感情を言語化することが苦手であるということも。

女性はコミュニケーションにおいて共感を大事にするが、男性は要件を的確に伝えることに重きをおく。そのため、共感を重ねて、受容していくということが苦手だ。良い悪いではなくお互いには明確に違いがある。自分が認められない時、思いが伝えられない時、上手に言葉で伝えることができず僕は力で伝えようとしてしまった。また、自分が認められていないことを冷静に認識することができず、怒りを感じていること自体を理解できないでいた。これまで、そのこと自体に思いを寄せることには至らなかった。

手をあげてしまったことについて、「これまでの成育の中で学んできている」と言われ、はっとした。親には叩かれた記憶はない。しかし、振り返ると小学生の頃、運動会の練習で友だちとふざけていて注意され、先生にピストルの柄で頭を殴られて出血したことがあった。頭部から出血したのは後にも先にもこの一度だけだ。高校生の頃は遅刻が重なり、先生に廊下で思いっきり平手打ちをされたこともあった。家庭においては、父親は感情を上手に表現することができず、怒鳴り声をあげることがたびたびあった。それは自分に対してもあったし、思い返すと家の中でそのことに怯えていた自分がいた。自然に学び受け入れていたものがあったのかもしれない。僕が知っている家族はこれしかない。僕は家族のつくり方を教えてもらっていなかった。

月に1回ないしは2回のグループワークと定期的なカウンセリングを受けた。継続して味沢さんと関わる中で次第に自分に変化が起きてきた。

味沢さんはとにかく話を聞いてくれる。たとえ思考が偏っていたとしても、必ず一旦は聞き入れてくれる。この繰り返しが心地良い。自分が認められていること。受け入れられていること。否定されないことの継続によって、安心を得て、自分の存在が確かなものとなる。自分も他人を受け入れられる感覚をもてるようになってきた。これまで感じたことのない不思議な感覚だった。

味沢さんとつながってほどなく離婚調停が申立てられた。初めは金銭的な面でもすべてを受け入れる決断はできないでいたが、味沢さんと話しているとそのことに関してもあまり抵抗を感じなくなっていった。ある時すべてを諦めて受け入れる決断をした。とても楽になった。そうすることが自分にも合っているだろうなと感じつつも、自分だけで決断することは難しくもあった。

もっと早く味沢さんに出会っていればこんな状況にはならなかったのだろうか。そうではないように思う。映画や本が触れた時によって感じ方が違うように、この経験をしていなければ真剣に取り組むことはできなかった。

その意味でも妻には感謝している。子どもに会えなくなったことにも感謝している。間違いなく今回の経験は僕を成長させてくれた。妻がとった行動は最善の選択だと思っている。妻が出て行ったことに感謝している。妻には感謝しかない。きっと妻は僕に変わってほしかったのだろう。ずっとそう思っていたのだろう。でも、そのことに思いを寄せることはできなかったし、どう変えて良いかもわからなかった。今では、よくあのような自分と一緒にいてくれたものだと思っている。様々な感情の波を経て、たくさんの感謝の気持ちが残った。

日本家族再生センターのワークやカウンセリングは家族に問題を抱えた人のみならず、人生を豊かに、より人間性を深めたい人にも良いのではないかと思う。家族の問題を闊達に話せる場所はそうはない。

今も離婚調停中ではあるが、家族の物語がこれからどうなるかはわからない。これから先の人生に光があれば、最後に笑っていられるように。

体験談⑥

「キレる」彼との関係から、私のこれからが始まる時

ペンギン　女性

彼と知り合って約20年。たくさんの楽しい想い出の一方で、私は、彼が時々「キレてしまう」ことにずっと悩み続けてきました。誰にも相談できずに、1人で夜遅くまでパソコンで「キレる」とか「豹変」とか「感情のコントロールがきない」とか、気がつけばそんなワードを検索してばかりいました。トータルすると、人生のものすごい時間数をそのことに費やしてきました。

それが約2年前、私の我慢の糸がプツリと切れるできごとがとうとう起こりました。その日、彼は6歳の長女の胸元を、力いっぱい平手打ちしました。一瞬すごい音が響き、痛い痛いと泣き叫ぶ長女の姿に、私は目の前が白く曇っていくようでした。やはりというか、

とうとうこの日が来てしまった……そう感じました。原因は、彼の言うことを聞かずに自分の意思を通そうと長女が動いた時、熱い味噌汁を飲もうとしていた彼の腕に少し触れてしまったこと。激昂した彼は、もうどうにもなりませんでした。

私はいつも彼がキレた時には、場違いなくらいに必死に彼をなだめたり、肩をもんだり、受容的な態度を貫きますが、この時初めてそれらを放棄しました。私は彼ではなく、泣き叫ぶ長女に駆け寄り、抱き寄せ、なだめ、彼の一連の行動にNOをつきつけるような目線を送りました（それでも口では何も言えなかった）。

その結果、「俺を無視しやがって！　熱いのぶっかけたろか!!」という天井が抜けるような大声と同時に、すごい勢いで汁椀が飛んできました。木製の汁椀が私の足元で割れ、1歳の次女は近くで固まっていました。頭の中がフリーズしつつ幼な子2人と別室に移ると、長女の胸元に真っ赤な彼の手跡がくっきりとつき、腫れ上がっていました。本当に悲しかった。とにかく冷やさないと、いやこれは病院に連れて行く？　パニックで動き回る私の姿に彼はますます苛立ち、「大げさに騒ぎやがって！　馬鹿かお前ら!!」とさらに罵声が飛んできました。

私の心は泣いていたように思うけれど、何とか子どもの心身をケアしたい（安心させたい）一心で自分を奮い立たせ、場違いにおどけたママを演じてその場を乗り切りました。

そんな私の姿に子どもたちの表情が徐々に和らいでいったのが、せめてもの救いに感じました。その夜は子ども2人を膝に乗せて絵本を何冊も読み、私も子どももいつも以上に笑顔で眠りにつきました。子どもの穏やかな寝顔にホッとしながら、もうケアしきれない、もうこんなことやめようという心の声が聞こえた気がしました。自分の心がわんわん泣いていました。

翌日、彼の留守中に私は子どもを連れて実家に逃げました。子どもには、最近おばあちゃんに会っていないから、久しぶりにお泊りしよう♪……なんて、嘘をついて連れ出したので、子どもがニコニコと嬉しそうにしていたのがせめてもの救いでした。でも、黙って逃げた私をますます彼はメールや電話口で攻撃し、前夜のできごとで心身ともに憔悴していた私は、もうどうしたらいいかわからなくなりました。不安と恐怖がうずまく混沌とした心のうち、彼が私の実家に向かっていることを知り、パニックになった私は咄嗟に子どもたちを車に乗せて実家を飛び出しました。

ところが実家を出ようとした瞬間に、追いかけてきた彼のバイクに見つかり、そこからは逃げる私の車に彼が無茶な幅寄せをしたり、無理に前に割り込もうとしたり、カーチェイスのようになりました。そんな状況でも、私は馬鹿みたいに「どうか子どもにだけは、この事態がバレないように」と必死に取り繕いながら逃げていましたが、そのうちに後方の父親の存在に長女が気づき、「あれパパじゃない？　ママ！　パパがいるよ！」なんて無邪気に言っていたのが、さすがに何か変だと悟り始め、これは鬼ごっこ遊びをしているのではなく、キレたパパが自分たちを追いかけ回しているのだと理解し、混乱し、泣き始めた時、私はもう何も嘘がつけませんでした。

これまでの人生、誰かを傷つけたくなくて、怒られたくなくて、自分も傷つきたくなくて、咄嗟に嘘ばかりついてきた人生だったのに、この時の私はもう嘘が底をついて、傷ついてゆく子どもを目の前に何もなすすべがなくなりました。誰かに助けてほしくて、近くの警察署の駐車場に何とか逃げ込み、ふと後部座席に目をやると、長女がガクガク震えながら泣いていて、その光景は一生忘れません。子どもの心に、一瞬のうちに一生分の悲しみを刻んでしまいました。

暴力を受け入れてきたのは……この私

そこからの日々は、心身ともに大変でした。「心が大けがをして血が出ているけど、自分ではどうしようもない」……そんな日々でした。手とか足とか、目に見えた部分のけがなら処置できるけれど、心となると、そんなこともできなくて、自分でただただどうしたらいいのかわからなかったです。生きていることが、日々苦しくてつらかった。

当時はまだ味沢さんの存在を知らず、警察と児童相談所と、地元の女性支援の方につながり、典型的なDV被害者支援の流れに乗っかり始めていたので、「被害者である自分」もますます磨かれていきました。支援を受ければ受けるほど、不安と恐怖と彼への不信感が増し……。通常は、そのまま周りに言われるがままに弁護士を立てて離婚し、解決（のつもり）……という道筋をたどるのが一般的かと思いますが、私の場合は面白いことに途中で味沢さんの存在を見つけ、自分でそこにつながり、今に至るという点です。

初回の味沢さんとのカウンセリングで、「私は一体どうしたら良かったのでしょうか?」という私の問いに対して、「……あなたはどうしたいのか?」と言われました。私はとにかく夫の暴力で困り果てていて、てっきり味沢さんがどうしたらいいのかを教えてくれるものだと思い込んでいたので、この時は本当に「???」と思いました。この人、本当はヤブ医者ならぬ、ヤブ・カウンセラーじゃないかと……。

でも、1年ほどワークやカウンセリングで何度も自己洞察を続けてきた今ならよくわかります。結局、答えを支援者や自分以外の周りに求めているうちは、私は「コントロールされる」ことを自ら選んでいるということなのですよね……。答えは……唯一私の中にあるもの。

私が今興味があるのは、一体私はなぜ、彼とずっと一緒に居続けたのだろうか、という点です。私は彼と知り合った20年前からもうすでに、時々キレられたり、電話口で長々と無視されたり、監視されたり、私が彼の思い通りに行動しなかった時には延々と非難されたり、説教されたり、一方的に罵られたり、時には物を投げつけられて壊されることもあった訳です。回数こそは少ないけれど、結婚後はそこに叩いたり、強い力で押されたり、痛い思いもしてきた訳です。子どもが生まれてからは、それらがすべて子どもに移行する形になり、子どもが言うことを聞かなければ叩かれ、怒鳴られ、引きずられ、ひっぱたかれている姿を私はすぐそばで見ていた訳です。

それらを体験している時は、本当に生き地獄のような苦しい思いで一杯でした。いくら私や子どもにも非はあるとはいえ、どうしてここまで暴力的に怒られなくてはならないのか？　でももっと謎なのは、どうして私はそれらを黙って受け入れてきたのだろうか、ということです。完全に黙って受け入れていた訳ではないし、いつもやんわりと抗議したり、反抗しつつも、結局は相手の暴力的な指示や命令に従い、自らの行動を改めてきた私がいます。結局私は、暴力的な相手と一緒に居続けることを自分で「選んできた」。なぜ？

暴力を振るうのは相手の問題だけれど、その暴力を受け入れてきたのは……この私。私と彼の両方がいて、その関係性が成り立っていたのですよね。言うなれば、片棒をかついでいたのは私……。

本当は、誰も間違ってなんかいないのに

約1年間、ワークやカウンセリングを通して、この「なぜ?」の道をひたすら辿ってきた気がします。彼の生育のしんどさ(両親の不仲や、子どもの頃に受けた心の傷)を知っていたので、決して彼を責めてはいけない、私が支えなくてはいけない、暴力だって許してあげなくては……という思考が常にありました。でもそんなことより一番大きいのは、私は自分に「自信がなかった」……このことに尽きます。

私はなぜだか、自分がいつだって間違っているような気がするのです。子どもの頃も、大人になってからも。彼が私を頻繁に怒ったり、たまに怒鳴ったり、たまに物を壊したり、たまに猛スピードで嫌な運転をするのは、すべて「私が間違っていたから」……そんなふうに思っていました。だから私は、私なんて怒鳴られたり、怒られたり、叩かれたりするくらいでちょうどいいのだと、どこかで思っていたのかもしれません。だって……子どもの時からそうだったから。

私のお母さんは、たくさん絵本を読み聞かせてくれたり、手作りのお菓子を作ってくれたり、休みの日には子どもたちをいろいろな楽しい場所に連れて行ってくれたり、とても素敵なところがたくさんありました。私のお父さんは、日曜大工が得意で、身の回りの物

を何でもすぐに手作りしてくれたり、「そんなに勉強すると馬鹿になるぞ。もっと遊べ」と言ってくれたり、とても素敵なところがたくさんありました。

でも一方で、お母さんもお父さんも感情のコントロールというのが苦手な面が多々あり、波が激しくて子どもの私は結構苦労しました。母は一旦怒り出すとキレたように怒鳴ったり、ヒステリックに叫んだり睨みつけたり、監視したり口出ししたり、それが普通でした。数少ないけれど、ひっぱたかれて鼻血が出たこともありました。でもキレてなければ、優しいお母さんでした。

お父さんはお母さんに対していつも怒鳴ったり、馬鹿にしたり、無視したり、それが普通でした。たいてい不機嫌そうにイライラしていて、家族の誰かが思い通りに行動しないとすぐに舌打ちしたり、睨みつけながら罵ったり、それも普通でした。でも怒ってなければ、優しいお父さんでした。

子どもから見ても仮面夫婦バレバレの感じで、実際いつも母から父の悪口を聞いて育ちました。お父さんとお母さんのような夫婦に絶対なってはいけないと、呪いのように聞いて育ちました。おまけに同居の祖母も支配的な人物で、この祖母をめぐって家庭内はいつも不和でした。母、父、祖母、それぞれが全員たいていイライラしていて、それぞれがそれぞれを否定し合ってムカつきながら生活を共にしている……そんな家族でした。

本当は、ただそれぞれ「違う」というだけで、誰も間違ってなんていないのに……。家族間で、心地良い対話とか、思いやりとか、コミュニケーションとか、ほぼ皆無。結果、家族で囲む食卓は全員が押し黙り、まるでお通夜のような暗い雰囲気。それが1年365日ずっと。

こんな状況で、精神的にゆとりのない両親は、子どもに対しても否定的な言葉や態度で接することが多かったです。虐待まではいかなくても、子どもに対する接し方がどことなく馬鹿にした感じというか、否定的な感じが当たり前というか……。私が何をやっても、何をやらなくても、親の機嫌が悪ければたちまち攻撃(八つ当たり?)されるし、私が何かを失敗するたびに吐き捨てるように言われる「バッカじゃあるまいし!!」のセリフは、大人になった今も耳が鮮明に覚えています。私の自信のなさや不安な心は、このあたりに由来しているのかもしれません。お父さんやお母さんが本当に否定していたのは、子どもの私でなく、彼ら自身だったのかもしれないと今では理解できますが……。

心の成長は、今ようやくヨチヨチ歩き

そんなこんなで、私は生まれてこの方、自分の話や自分の意見には価値がないものだと本気で思い込んでいました。自分自身に対する無価値感。いつしか、自分が本当に言いた

いことや本当の気持ちにフタをして、苦しくてもつらくても本当は嫌でも、ただニコニコ笑って相手に合わせる、相手のご機嫌とりにひたすら全力をそそぐ……そんな私ができあがっていったのかもしれません。自分の本当の気持ちは言ってはならない……そんな呪縛が私には多分かかっていたと思います。ただ、相手を怒らせないように、相手の機嫌を損なわないように、相手を優しくコントロールをして生き延びる……幼い頃の私が無意識のうちに見出した、唯一の生存方法だったのかもしれません。

そんな私がやがて親元を離れ、一人立ちをし、彼と出会い、おつき合いが始まり、結婚して、やがてその結婚でトラブルを抱えるようになる……今思えば、すべてつながっていますね。だから私は彼と出会って、同じことを経験してもすんなり受け入れられたのかもしれません。怒られたり縛られたりするのは苦痛で仕方ないのに、上手くやり過ごせると妙に安心できて、そこに自分の存在意義を感じたとでも言いましょうか。自分でも変だなと思うけれど、今思えば、子どもの時から両親や社会に対してやり過ごしてきたのと同じ方法で、彼にうまく対応してきたんだと思います。

センターにつながって早1年……知らない間に絡みに絡んで訳がわからなくなっていた人生の糸がようやくスルスルッと解け出して、今ようやく初めの一歩をおそるおそる、踏み出そうとしている自分がいます。体は中年に差し掛かっているのに、心の成長という意味では、ようやくヨチヨチ歩きくらいでしょうか……アンバランス（笑）。

これまでの人生、相手の顔色や機嫌に全力でフォーカスしてきたそのパワーが、今初めて自分自身にフォーカスし始めています。私は今何を感じているのか。私にとって楽しいこと、やりたいこと、ワクワクすることってどんなことか。私にとって人生とは、家族とは、何なのか。いつかは必ず死んでしまう以上、私はどうやって生きていきたいのか、などなど。自分の中から沸き起こってくるあれやこれやに耳をすませながら、そのままの自分、ありのままの自分を大切に生きることを日々重ねています。

自分にも、周りにも、嘘をつく人生はもうまっぴら

不思議なことに、私は今自分が好きです。以前はちっとも自分に自信がもてなかったけれど、今は自分のことをとても愛おしく思います。どんな感情であれ、自分の中から沸き起こってくる感情はすべて大切なものだし、偽る必要もないし、フタをする必要もないし。せめて自分自身くらいは、大切に自分の全部を抱きしめてあげたいなと思っています。

そんなふうに思えるようになったのは、味沢さんのところで初めて、本当の「受容」ってこういうことかと体験できたから。子どもの時に育ちきれなかった私の中の小さい子どもが、今嬉しそうにニコニコ笑っているのを感じます。

そうそう、センターにつながり出してすぐの頃は、いかにして相手のキレる行為をやめさせるか、いかにして相手を変えるかということで私の頭はパンパンでした。でも、今は違います。結局、相手を変える（コントロールする）なんてことは不可能なんだなと。相手の心も、相手の体も、動かすことができるのは相手だけ。私が変えることができるのは、私だけ。そのことが、良くも悪くも、この1年で身にしみました。

ワークの中で、同じような問題をもつ仲間とたくさん語り合うことができ、世間では言えないような悩みや体験をシェアすることができました。センターにさえ関われば、すべての加害者（と呼ばれる人）がガラリと魔法のように変わるのだ！と心のどこかでずっと期待していたけれど、実際にはそんなに簡単ではないことも、知ることができました。まったく変わらない訳ではないのだろうけれど、生まれ直し（育ち直し）にはとにかく果てしなく時間がかかるということも。ましてや、それらは誰かに強制されてではなくて、その本人自らが必要に駆られて初めて成立するもの。つまり、私がどうこうとコントロールできるものではないことを、思い知りました。

その時、初めて彼への期待を手放すことができた気がします。悲しいような気もするけれど、楽になったような気もします。相手は変わるかもしれないけれど、変わらないかもしれない。そんな相手と、じゃあ私はどう関わっていくのか。はたまた関わらないのか。

ここから、初めて私の人生がまた新たに始まってゆく予感がしています。

相手のことは相手に任せて、自分の人生を自分で生きる。そのための決断であったり、選択であったり、お金であったり。これまで誰かに依存するのが当たり前で生きていた私にとって、一つひとつクリアしていくのは正直不安もあります。でもなぜだか少しワクワクもします。自分がここからまた成長できる予感をひしひしと感じます。

彼がどうであろうとなかろうと、私は私の人生をこれから生きます。自分にも、周りにも、嘘をつく人生はもうまっぴら。そんな私の背中を見て、たくさん傷つけてしまった子どもたちも一緒に育っていってくれたら嬉しく思います。時間はかかると思いますが、味沢お母さん、これからもどうぞよろしくお願いします。

体験談⑦

人生観が180度ひっくり返る体験から

K　男性

私はとある外国に長年住んでいる、Kと申します。現地の女性と知り合い、数年前には結婚して、娘も生まれ、外から見れば一見幸せな生活を送っていました。実際、日々のほとんどは幸せであったと今でも思っています。

しかしながら、すべてがうまくいっていた訳ではなく、妻との些細ないさかいや家計、仕事のストレスなどが、わずかながらも蓄積していくように感じていました。初めは単純に気分転換で発散できていたものの、やがてそれだけでは発散しきれず、娘が2歳になる頃には、私は些細なことですぐに不機嫌になるようになってしまいました。私としては、「仕事が忙しいから」「また使い過ぎで家計が苦しいから」「あんたが待ち合わせで遅刻したから」「娘が言うことききかないから」などの理由で不機嫌なのだから、「ほっといてくれれば、そのうちに機嫌は良くなる」といつも思っていたのです。やはり自分自身の問題にはなかなか気づけないもので、ごく親しい友人や、特に妻に対して知らず知らずのうちにつらく当たるようになってしまったようです。彼女曰く、不機嫌な私と暮らすのは地雷を抱えているようなものだったそうで……。

そんなある日、また些細なことの蓄積でキレた私に、妻はとうとう愛想をつかして出て行ってしまいました。とは言うものの、娘もいますし、片親だけ会わない訳にもいきませんから（当国では共同親権は至極当たり前なことです）、1週間の半分ずつ自宅で過ごすという、半別居状態の不便な生活の始まりです。

この少し前から妻にさりげなく指摘されていたのですが、さすがに彼女に出ていかれて、しかも健康サービスのDVに関するパンフレットまで渡されては、私のしていたことは実質的モラルハラスメント、いわゆるモラハラとたいして変わりないと認めざるを得ませんでした。

自覚するのが遅すぎましたが、それでも何とかしようと、まずは地元のカウンセラーの元でアンガーマネジメント、つまり怒りやその他の気持ちのコントロールをスムーズにできるように、心理療法に基づいたカウンセリングを受けることになりました。これは、状況をそれ以上極端に悪化させないためには役に立ったと思いますし、そのうちめぐり会うことになる味沢さんとのカウンセリングでも役に立つ知識をいくらか身に着けることができたと思います。とは言え、しょせんは対処療法なので、いくら自分の生い立ちや過去の体験をカウンセラーに語ったところで、なかなか問題の本質に行きつくことはできずにいました。

離婚したら「生きていく価値などない」

時を同じくして、自分なりにＤＶ・モラハラについて、いろいろと調べるようになります。なぜそうするようになったのかは今ではよくはわかりませんが、おそらく同じ立場にいる加害者や、迷惑をかけた被害者側の感情などを知りたい、共感したいという気持ちだったのかもしれません。

幸い日本はブログ大国ですから、被害者、加害者双方のブログをいくつか探すのには苦労しませんでした。そんな中でたまたまたどり着いたのが、味沢さんが運営する日本家族再生センターのブログです。日本では「加害者更生プログラム」なるものが流行っていて、それが実はたいした効果もなく、かえって加害者を苦しめているだけ、のように聞いていたので、「果たしてこの日本家族再生センターとやらは、どんなもんだ」と思いながらブログのエントリーをいくつか読んでみました。

するとどうでしょう。一般世論で言われているような加害者に対する「処罰」や「更生」などといったことは一切なく、あくまでも「ソフトパワー」みたいなもので加害者に問題の本質に気づいてもらう。そんな感じのセラピーをやっているみたいではないですか。被害者支援にも同じく精を出していて、しかも加害・被害者を区別せず、なおかつ双方が同席するグループワークまでやっているそうで。今まで見聞きした感じでは、自分は一生「犯罪者」のレッテルを貼られて生きてくしかないのか、と思っていただけに、これは一見信じられないような活動をされているようで、とても興味深いものでした。

その間、妻との関係は小康状態を保っていたのですが、ある日突然「離婚する」と告げられます。あまりに突然のことだったので、こちらは唖然。初めはいくら何でも一気にそこまでと思い、とても信じられなかったのですが、どうやら本気だということが身にしみていくにつれ、一瞬で「もう私には生きていく価値などない」と思ってしまい、その場を離れるなりすぐに自殺の方法を考えるほど自暴自棄になりました。

今から思えば誠に恥ずかしいほどのパニックぶりですが、彼女がいたからこその私の人生であり、結婚するのが一番のゴールだと思っていたので、それが離婚となればもう人生おしまいと一緒、と考えていたのでしょう。一応両親に電話するくらいの配慮が残っており、そのおかげで実際死なずに済みましたが、たった一両日のことだったとは言え、かなり際どい精神状態だったと思われます。

味沢さんに初めてメールを入れたのは、そんな状況の真っただ中でした。別にカウンセリングの依頼ではなく、ただこれまで読ませてもらったブログに対する感謝の気持ちを書いたのですが、説明から現状を察知した味沢さんからスカイプカウンセリングをもち掛けられ、試しにお願いすることにしました。こうして私は際どいながらも、無事に味沢さんとつながることができたのです。

初めてのスカイプカウンセリングは、当然不安や恐怖、恥ずかしさもありました。しかし、いざ始まってみると、なかなか優しそうな、かといって変な甘やかしはしなさそうな人で、次第に私もリラックスして状況説明ができるようになりました。しかしいくら話が進んでも、これといった治療法や心療プログラムの話が出てこないのです。どうやらブログに「対話療法」とやら書いてあったことは本当で、一般的なカウンセラーのように期間を設けてプログラムを実践していく、ということはせず、あくまでも個人セッションでは「対話」が基本であるようでした。

不思議なことに、自分のことをいろいろ話して、これから起こるであろう事柄への対処などのアドバイスをもらううちに（普通のカウンセラーは聞くだけで、まずアドバイスを出すことはしません）、自然とこちらも安心感が生まれていくようでした。最後に「女と男の非暴力トレーニング」なるグループワークも紹介してもらい、こちらにもスカイプ経由で参加させていただくことになりました。

ワークを通して会話上手な「素敵な男性・女性」に

それからしばらくは、いくつかの個人セッションと隔週のグループワークに参加していくことになります。このグループワークも実にユニークで、被害者・加害者問わず、基本的に誰もが参加できるという一般的には考えられないものです。実際、初めて参加した時も、加害者男性や被害者女性、あらゆる人が参加していて、そう聞いていたとはいえ、いくらか驚きました。もちろん皆さん初対面なので、初めは私もかなり緊張していましたが、話が進むにつれ、徐々に場にも慣れ、私の緊張や不安も次第に消えていき、終わる頃にはすっかり和んでいる自分がいました。

そして2、3回参加する頃には、常連さんとはまるで親しい友人と談話しているような気分になっていました。というのも、数少ないルールのうちのひとつが他の参加者やその話を批判したり邪魔したりしない、皆お互いの立場を尊重するというもので、決して被害者だからと変な同情をしたり、加害者だからと批判的な態度をとったり、むやみに話を遮ったり、そういうことはNGという訳だからです。それがその場の和んだ空気づくりにとても役立っているのでしょう。もちろん、ファシリテーターの味沢さんのオーラもあるのでしょうけれど。

さて、このグループワークの内容ですが、これまた一般的な更生プログラムにありそうな、反省の時間や、心理療法に基づく厳格な指導といった要素はひとつもありません。各回のワークは、まず参加者全員の近況報告から始まります。近況報告とは言え、基本的に本人のできごとなら何をどれだけ話しても、そして話したくなければ話さないのもまったくの自由です。ですから、とある人の近況報告から話がはずめば、それだけでワークが終わる日もありますし、全員が淡々と報告した後で本来の「お題」（後述）に移る日もあります。私の場合も、ある日前触れもなくいきなり妻から家を追い出された時など、それでワークが盛り上がったり、その後状況が改善するにつれ、湯たんぽでやけどしたことしか話すことがないなど、その時によって大きく変わるのですが、何を話しても話さなくてもOKです。ただ、やはり自分の感情の変化や妻との関係に関することはなるべく話したほうが、自分も気が楽になりますし、それについて皆といろいろ話せるので、やはり話してしまったほうが得と言えるでしょうか（どこぞの刑事の尋問じゃ）。

近況報告の後はメインのお題というかワークですが、これも既存のテキストや心理療法などはあまり行われません。どちらかといえば、半分遊びのようなものがほとんどで、吹き出しにセリフを入れて2コマ漫画を完成させる、ペアになって自己紹介ならず他己紹介をするなど、その内容は実に様々です。まれに、エゴグラムといった心理テストのようなものもありますが、その結果はあまり重視しません。重要なのは、ワークをすることによって自然に起こる、自身の感情や他人の考え方などに対する「気づき」や、それを皆で語ることによって得られるより深い理解や共感でしょう。ワーク最後の、皆の一言感想もさもありなんです。

味沢さんがいつも言うことのひとつに、家族関係が破たんする大きな原因には、相手の感情などに対する無頓着さ、特に男女間でのコミュニケーションのずれ、実は無意味な「一般常識」への思い入れなどがありますが、ワークをしていくうちに、これら自分に当てはまる問題に自然と気づき、そして向き合えるようになっていき、やがては相手をよく理解し、会話上手な「素敵な男性・女性」になっていく。そのあたりがワークの重要なポイントなのではないか、と思っています。

実際のところ、私も初めの頃、自分の怒りやすい性格は育ちの問題では、などとも思っていましたが、実際はもっと単純で、「人生のゴール＝結婚」などの無意味な「一般常識」、ストレスについて自分から語らないため余計ストレスがたまる、その主な原因は仕事の進捗度や睡眠不足、そして自分の趣味の時間がほぼゼロ、といった具合に、ワークに長く通ううちに自分の根本的な問題点がはっきりとわかるようになりました。

問題点がわかってしまえば後はその対処法を見つければよい訳で、つまらない一般常識に惑わされず縛られない（＝楽に自由に生きる）、仕事のストレスは「少々はかどらずとも死にはしない」と割り切って解消、睡眠不足は寝て解消、そして趣味の時間の問題は、長期別居によって自然と時間が生まれたことで見事に解消されました。傍から見ればただのアホな楽観主義者になっただけかもしれませんが、それまでは心配性で小さなことでも余計な心配をするタイプで、その結果ストレスの塊になって妻に多大な迷惑をかけたのですから、ある意味大きな進歩ではないかと思います。

イライラの原因に、早めに気づけるようになり

一般的なカウンセリングでは、いずれここまで回復できたとしても、おそらく多大な時間と費用がかかっていたでしょう。というのも、普通のカウンセラーは表面上の問題をひとつずつ解決しようとプログラムを組んでくれますが、基本的に現状に対するいかなるアドバイスもせず（例えば、妻に突然家を追い出されたんですけれどどうすればいいでしょう、と聞いても具体的な答えはくれない）、問題の根本的な部分を含めた解決にはなかなか至れません。

その点、味沢さんの支援は、表面上の問題の対処から、より根本的な部分のサポートまで幅広く見てくれます。必要とあらば、現状を悪化させないためのアドバイスもくれます。

普段はあれしろこれしろとは言いませんが、それでもワークを重ねていくうちに、私が自分で問題に気づいて徐々に対処できるようになり、いつの間にか楽になっていくのですから、不思議なものです。特に私の場合、どうしてストレスがたまったりイライラしたりするのか、早期のうちに気づけるようになったので、他人（前なら妻）に当たる前に対処できるようになったり、何か言う前に相手の気持ちもよく考えるゆとりが生まれたりと、飛躍的に改善しました。前は自分の精神状態もろくにわかっていませんでしたが、今ではかなり自己診断もできるようになってきたと自負しています。

とは言え、まだ完全に回復したわけではありませんが、おかげさまで、現在では娘との関係はもちろん、妻ともそれなりに良好な友情関係が結べています。当然、彼女に対する懺悔《ざんげ》の念を忘れたわけではなく、将来的に何かと償いはさせていただくつもりですが、彼女も彼女なりに回復の道を進んでいるようで、最近は笑顔が再び明るくなってきたように思います。

この先どうなるにせよ、お互いが楽になってそれぞれの人生を歩めるのが、やはり一番でしょう。できれば彼女にも味沢さんとお話をして、人生観が１８０度ひっくり返る体験をぜひしてほしいものですが、もしかしたらそんな日もいつか来るかもしれません。

体験談⑧

家を出て4年目、夫婦の再構築の中で

静野舞　女性

夫と出会ったのは、薬を大量服用して自殺を図った半年後だった。交際中、相手の怒りの琴線に触れると、物を投げられたり壊されたり、理解不能なことが多かったにもかかわらず、私がなぜそういう人と結婚をしたのかといえば、当時の精神状態では、「相手に合わせる自分」が物理的に忙しくなること、自殺未遂の後から親の目が監視のように感じられていたことがあったのではないだろうか。体を動かし人に言われるままに動くことで、自分の不安な気持ちの昇華や親の監視的な視線から逃れる解放感を感じていたのではないかと思う。

結婚した直後、夫の身の上にも夫にとって理不尽なことが起こり、とにかく気持ちがとげとげしく一触即発という感じであった。私の目には閉鎖的な空間で、逃げられないところで「見せしめ行為」に見えた。そしてその後は気持ちが収まると、何でもなかったようにふるまう……率直に「怖い、何でこの人こんなことするのだろう」とまったく理解できなかった。

結婚して3ケ月過ぎた頃には、長い通勤時間の間、「このまま事故で死んだらなあ」などよくつぶやいていた。それでも離婚しようと行動しなかったのは、私個人が勝手に思い込んでいた社会的な目（離婚に対するマイナスイメージ、結婚している人のほうがなんとなく良いというぼんやりしたもの）や親との関係性の問題だと思う。

死にたいと時折よぎる結婚生活なのに、子どもができれば夫婦間の関係性が変わるのではないかと思ったことで、東日本大震災後、子どもをもうけた。

妊娠中に夫は仕事がますます忙しくなり、土日も仕事に出ているような状況の中、ちょっとのことで怒り出したりする頻度が高くなった。相手が怒り出したら私もその時はトイレに逃げ込んだりして「価値観が違う、育ちが違う、言っても無駄」と考え、早く嵐が収まらないかと思っていた。

子どもに対しての許しがたい行為が2回ほどあり、それがきっかけで自分の精神状態が「このままこの人といると、心が殺される、死んでしまう」と追い詰められ、娘が6ケ月を迎えたその日、役所の相談窓口を経てそのまま家を出た。

私なりの解釈だが、私は幼児期に地域に溶け込めず、仲間外れにされたことに結構傷ついており、それがきっかけなのではないかと思うが、どうやって人と喧嘩をして、仲直りすればいいのかよくわからない。その幼児期の体験を癒せてない、昇華できていないということなのかもしれないが、今でも何となく群れていないことに不安を感じて、友だちがいないことを悲しく思える時もある。

家出→公的シェルターでの暮らしの後に

役所からは、まずは実家に戻ることをすすめられたのだが、実家に行けば夫が来て、両親も断れないことはわかっていた（後から聞いたが、親は私が家を出たことを夫に対して申し訳ないと思っていた時期もあったそうだ。やはり社会的な視線で離婚とか妻が家を出たとか無責任だと思ったらしい）。だからシェルターを選んだ。家を出て数日後に役所の担当者にかくまわれながら移動した。

「逃げる」という非日常だと本当に精神状態が高ぶる。周りに見られないようしてと言われて、できるだけ外出もするなと言う。親にも連絡してはならない。携帯の電源は必ず切ること。シェアハウスに移って翌日、離婚の意志を確認されたが、こんな緊張状態では離婚という重大な（たいして重大なことではないと今は思うが……）決意をしていいのかという思いがあり、そもそもこの雲隠れ生活から次の生活が予想できず、強く離婚の意志を表明したわけではなかった。が、自分が自由にできる現金が比較的あったので、すぐ弁護士を紹介していただいた。今の私があるのは、この弁護士の言葉も大きいと思う。

家を出て安心するはずだったのに、これが共依存の恐ろしさか「離れたことでの不安」も同時に感じていた。それまで「命の危険」を感じながらも、懸命に自分の意識の方向を向ける先があったのに、その向けていた先は逃げた先ではかなりひどい人物として扱われたので、その人物を大事に扱ってきた自分が否定されているような、安全を確保するはずが何で大きな喪失感を抱えるのか……とまた悩むことになった。

そして現実の生活でも居所がわかるので保険証を使えず、子どもの定期接種や健診が受けられない（これはシェルター側のサポートに問題があったと私は思っている）など困るなと感じたことや、4ケ月後には仕事に復帰したいと決意したことで、私はシェルターを去ることにした。

家を出て3ケ月でシェルターから離れ、婚費調停をし、生活費を援助してもらうことと面会交流を開始。公的支援下での面会交流は3ケ月ほどでやめてしまい、自分たちだけで交流することになった（DVで家を出た家族に「自分たちだけで交流してもいいのでは?」と公的機関がすすめてしまうところもびっくりだが）。その後はかなり近い距離・頻度で面会を続けた。

夫に連れられ「産後うつ」であることを証明させようと精神科に連れて行かれたり、私は私で夫の異常性を精神科で訴えたりとしばらくは対立関係であった。

当時は夫に対して「私が夫に対して感じている恐怖心はまったく伝わっていないし、共感もされていないな」という感覚だった。だから私は面会する中でも本当に精神的な緊張があり、夫も以前と同じように（自分の思いが尊重されないと、あるいは自分の思い通りに私が行動しないと）突然怒り出し、それ相応の行動をとることがあった。

夫は私が家を出てから私の会社に訪ねて行っていたため、「戻ってこられて、何かあったら困る」ということで実は復職を拒まれた。一方で公的な団体職員なので職場は雇用を切ることがなかなか難しく、事前に面談があり「夫とのことで何かあれば警察を呼ぶ」という条件で復職した。

当時は「なぜ自分だけが不遇な目にあうのか」と悲嘆する日も多かったが、「普通」と違うことになると、公的に整えられた社会制度、社会保障はほとんど利用の機会を失うことがわかった。そして雇用も奪われるかもしれない。何とも脆い社会基盤であり、弱者を救うための公的機関は、その役割を果たせているのだろうかと今は思う。

シェルターを出て、臨床心理士にカウンセリングしてもらいながら、とある加害者・被害者プログラムを経て、今のメンズカウンセリングのワークに参加するようになった。

家を出て3年目くらいに臨床心理士に「あなたらしさが取り戻されつつあるのでは？」とフィードバックされたことがあった。私も「何で私が悩まなくてはならない？」とか「自分のことが大事だったら、他人に理不尽に怒られることもないし、それを受ける必要もない」とようやく「自分を大事にする」一歩をつかんだ気がした。

3年の間に夫は夫なりに、加害者プログラムに行ったり、アンガーマネジメントを学んでみたり、自分を振り返り学びを得る機会はあったようだ。家を出て4年目になり、夫の言動が変わったなと感じるようになった。それは過去のできごとに対して、「それは悪かった、今思えばひどいな」と言ったことだった。

「世間一般像に縛られる自分」に気がついて

仕事をしていても、夫婦間のことにしても、「どうして私だけが……」と思うことがあるのも確かなのだが、子どもができなかった知人に「きっと私の前世が子だくさんで毎日大変だったから、今回は子どものいない時間を楽しんで、と言われているのだと思うわ」と言われて、私も「今のこの人生を楽しめってことなのか！」と思えるようになった。忙しい毎日の中で苛立ったり、子どもに「早くして！」と繰り返したりするそんな間に、「そう、この人生を楽しむってことだ」とつぶやくと何ともマイナスな気持ちが軽くなる。

現在、私は別居して3年が経過しているが、その間にいわゆる配偶者暴力センター相談窓口への相談、シェルター生活を経て、婚費調停および面会交流の取り決めを行い、徐々に物理的、心理的な距離を縮めながら、今は月の3分の1程度は一緒に過ごしている。

別居して最初の頃は、相手も私を決めつける、私も相手を決めつけて、対峙していたように思う。一方で私は早く元に戻るか、離婚するかしなくてはという思いもあった。今はそういう焦りはなく、良くも悪くもよく考えて、再同居あるいは離婚したくなったらそうしようと思っている。

私はメンズカウンセリングの支援（グループワーク、カップルカウンセリング）に出会うまで、都道府県のＤＶ施策の構築に携わっていた方、市区町村の相談窓口、民間団体など、様々な立場の支援者と関わった。だいたい個別・個室・隔離といった感じで相談や支援を受けたのだが、メンズカウンセリングのワークと他との大きな違いは、男女が一緒でもＯＫというところであった。

私にとっては正直、被害者・加害者が同席することが驚きであった。もちろん加害者と被害者を物理的に離すことには、互いの精神面を安定させる、被害を受けたものの恐怖心を安全・安心に変えていくという意味では大事なことだと私は思っている。

だから安全が確保されてこそ〝双方同席〟ができることであるが、その安全の担保というのは一見存在しないように思える（〝普通〟の感覚だと危険極まりない会かもしれない……）。

一方で、加害側と被害側が同じ会場にいることは〝人を脅すような非常にひどい人間である加害者〟であるとか、〝そんな人間と別れられない共依存でダメな被害者〟などレッテル貼りをされない、否定されない空間であるとも言えた。その人そのものの在り方を否定することなく、起こした現象を起こした背景や思いにフォーカスするので「私は否定されない、私は自由に語って良い」という空間が、安全を生み、安心を生んでいるのではないかと私は思う。

ワークの中で、和やかに世間話や自分たちの価値観や生き方について考えて語り合う。ワークを通じて、なぜそう思ったか、考えたかをシェアする際に、隣に座って談笑している男性から「妻を殴った」とかいうお話を聞くこともあった。そういう経験を重ねて、それぞれの夫婦にはそれぞれの原因があり、それについてどれがひどくてこれは軽いだとかいうこともなく、起こった現象の当事者の間に存在する何かが課題であって「暴力を振るう人はどう頑張ってもなおらない」という考え方は緩やかに「そうではないかもしれない」と思えるようになった。

ワークは個別・個室・隔離での支援とは違って、自分の身の上に起こった現象にフォーカスするだけでなく、その現象とは離れて〝世間の一般像や常識〟に対して自分の本当の思いや価値観を振り返るワークが多いのも特徴だと思う。

私の場合、ワークは今でもかなり苦手というかエネルギーを要する。一方で、自分の発言を否定されないという経験もまた自分の〝世間一般像に縛られる自分〟に気がつけるチャンスでもある。

その積み重ねは、自分らしさ（だと思っていた側面）をつくっているのは、具体的な定義づけのない、曖昧な、阿吽《あうん》の呼吸の〝一般像〟だという束縛感に気がつき、互いの考えをシェアしてみると、その〝一般像〟がまた個々人違うという場面の繰り返しであった。「いろいろな価値観あり、生き方あり」と思うことも自分の考え方をしなやかに変化させていった理由でもあるのではないか。

家を出て4年目の今、私も相手に自分の言いたいことは言おう、その上で相手の提案についてどうするかを考えようというスタンスで過ごしている（つもり）。

前の私は「こうあるべき」「親がこう思うから」「先生に評判がいいから」と必死になっていたように思う。今でも夫婦間のことは、再構築していることに親がいい顔をしていないことはわかっていて、相手との交流は親には一切話していない。自分の中で「ちゃんと再同居しよう」と思った時には話せるだろうと何となく思う今日この頃である。

体験談⑨

シェルターで思い出した「自由」という感覚

新田雄介　男性

月曜日の朝、妻が目覚める前に必要最小限の荷物を持って始発電車に乗り込みました。子どもたちとの関係はもちろんのこと、仕事やお金、社会生活のすべてを失っても良いと、とにかく妻の暴力や支配から逃げ出したい一心でした。

身を寄せる先についての下調べや事前連絡はしていなかったため、自分でもどこに向かうべきなのかわからず、電車に乗ってから携帯でウェブ検索し情報収集しながら移動していました。以前より、男性のＤＶから逃れる女性のためのシェルターが存在することは知っていました。当然その逆パターンの男性用シェルターも存在するだろうと考えて検索しましたが、まったく該当する情報が見当たらず、唯一ヒットしたのが日本家族再生センターのサイトでした。

早朝の時間帯だったため当然連絡はつながらず、場所は京都で自宅の横浜からは遠く、そもそもセンターが一体どんなところなのかもわからない状態です。他にも同様の男性用シェルターがあるはずだと思い検索を続けましたが、いくら続けても期待する検索結果は得られませんでした。

結局、行き先は決まらず、落ち着かない気持ちのまま電車は東京駅に着きました。もうネットカフェか安宿か、どこでもいいからとにかく見つからない場所に行って身を潜めようかとも考えましたが、安全な場所への一縷の望みに掛けて新幹線で京都に向かうことにしました。そろそろ妻が起きる時間になっており、私がいないことに気づけば探し始めるだろうと携帯の電源を切りました。京都に向かったのは本当にとっさの判断で、その時に冷静で合理的な思考はまったくできていませんでした。

その日の関西にはちょうど台風が襲来していて、京都に着くと外は暴風雨でした。センターが始業すると思われる10時頃まで待って何度か電話をかけましたが、つながりませんでした。最後にダメ元でセンターに直接行ってみて、閉まっていたらそれで諦めようと考え、スーツケースを引いて台風の中を歩きました。センターに到着すると扉の鍵は開いており、中に向かって「すみません」と呼びかけると、怪訝そうな表情をした味沢さんが出ていらっしゃいました。

それまでの経緯や逃げ出してきた状況を説明し、シェルターに入れてもらえることになりました。意外だったのは、すぐに妻や職場に連絡を入れ、所在を伝えておいたほうが良いとのアドバイスでした。妻とのやりとりについてはすべて味沢さんが間に入ってくれるとのことでしたが、所在を明かしてしまったらすぐに乗り込んでこられるのではないかととても不安でした。アドバイス通りに妻と職場に連絡を入れたところ、妻がすぐに乗り込んでくるようなことはなく、また職場からも理解をいただけて、2週間の休みをもらえることになりました。その後、前の晩は寝ていなかったこともあり、シェルターのベッドで寝かせてもらい、おいしい食事をいただきました。

自分だけ人生に行き詰まっているのではない

シェルターには2週間お世話になりました。シェルターでの生活がどういうものなのか、それまでまったくイメージができていませんでした。ただ、保護してもらう代わりに規則正しく、周りとの連絡などを一切絶ってじっと身を潜めながら暮らすような形になるのかなとぼんやりと想像していました。

ところが実際に生活が始まってみると、そのような想像とはまるで違っていて、何の制約も一切受けることなく、外出も外部との連絡も自由。おいしい食事を用意していただいて皿洗いも必要なしで逆に何をしたら良いのか戸惑うほどでした。

何も言われてないとは言え暗黙のルールや監視があるのではないか、保護してもらっているのだから規則正しく生活していると思われるように行動しなくては、しっかりと筋の通った話をしなければ、といったような勝手な自己規制の中で架空の制約を受けている状態で不安でもありました。当初は、「食べ終わったら置いといて」と言われてもお皿くらい洗わなくてはとか、変な時間にお腹が空いたとは言えないとか、外出しても時間を気にしながら行動するといった感じでした。

しばらく生活をしていく中で、シェルターには本当に何の制約もないし自由であることを実感するようになりました。休みたければ休んでいいし、出歩くのも自由。センターでの会話の内容にタブーはなく、社会的に後ろめたい事柄や、ただ不安だとか、つらい、悲しい、怒っているといった必ずしも筋の通らない素直な感情の部分を話しても否定されることはありません。

またシェルターを運営する日本家族再生センターには、入れ替わり立ち替わり問題を抱えた当事者の方々が訪れますし、脱暴力グループワークの会場にもなっています。グループワークでは、男も女も被害者も加害者もレッテル貼りされることなく、みんな何かしらの問題を抱えた当事者として現状の生き難さの原因を改善しようと参加されています。

シェルターで生活する中ではそういった当事者の方々との交流が頻繁にあり、自分と立場や視点や考え方が似ている人やその真逆の人、自分のように問題の渦中にいる人や問題が一段落して人生を立て直しつつある人など、様々な話を聞いたり、話を聞いてもらったりしながら夜通しで朝まで話し込むことも少なくありません。

シェルター生活はこのように、妻からの連絡に対しては仲介に入ってもらいつつ、生活面では何の制約も受けない、当事者の方々と密に交流ができるという環境でした。このシェルター生活を通じて、「自由」という長く味わっていなかった感覚を思い出したり、自分は1人だけ特別な状況で人生に行き詰まっているのではないという安心感を得ることができたり、自分を客観視できたり、それまで考えることのできなかったこの先の人生の選択肢や可能性について視野を広げることができたと思います。

転職=別居、シェルターへの再入居

シェルター退去時には妻がセンターを訪れ、カップルカウンセリングを受けました。カウンセリングは長時間に及び、感情的になる場面も多々あってなかなか収束しませんでした。最終的には双方が一応納得の結果をもって私は家族のいる家に帰ることになり、その後についても味沢さんにも仲介していただきつつ継続して話し合うことになりました。

家に戻ってからの生活や話し合いはやはり円滑とはいかず、感情的で話が噛み合わない場面が頻発し、シェルターに入る前の状況が繰り返されることが容易に想像されました。ただ、お互いに味沢さんのことを信頼していたので、致命的な状況になる前には電話で仲裁に入ってもらうことで冷静さを取り戻すことができたのは以前との大きな違いでした。

その後、シェルターから家に戻った1ケ月半後より私は関西に転職することにし、しばらくはまたシェルターに入ってそこから仕事に通うということで話し合いは決着しました。以前の味沢さんの仲介がない状態での話し合いを繰り返していた状況からは、このような形で家を出るという結論は絶対にあり得ないものでした。

家を出て、再度シェルターに戻りました。今度は、新たな職場での仕事がある状態の日常をシェルターに寝泊まりしながら送ることになりました。シェルターから転職先の職場までは少し距離が離れており通勤時間はかかりますが、夕食やお弁当の用意など様々なサポートをいただきながら特に問題なく過ごすことができました。

また同様にセンターに関わる方々との交流は頻繁にあり、長く居ることによって以前にも増してより深く会話をする機会も増え、様々な気づきや将来への望みを与えていただきました。そして何よりも、妻との間に何かあった際には味沢さんに仲介に入っていただけるという安心感は、新生活においてとてつもなく大きな後ろ盾でした。

妻との関係は、別居により物理的な距離をおいたこと、またお互いに味沢さんを信頼してつながっていることにより、以前よりも冷静なやりとりができるように少しずつ改善してきているように思います。センターは東京でもグループワークやカウンセリングを開催しており、現在は京都と東京でそれぞれがグループワークやカウンセリングに参加しながら、今後の家族関係や生活について継続的に考えている状況です。

同じ支援先に別々につながっている関係は、安全性の確保や冷静な思考に基づく対話のために、今の私たちにとって非常に良い形態だと感じています。このような状況は、家を飛び出してたまたま運良くセンターに救われた当初には、当然ですがとても想像もつきませんでした。

現在もまだまだ課題が多く、将来が見通せない不安や精神的なつらさは大きいですが、最悪の状況からは脱して少しずつ前に進んでいると考え、一つひとつ対応していこうと思っています。

自分の人生を、自分はどうしたいのか?

再入居から3ケ月半をシェルターで過ごし、会社の住宅補助を利用してワンルームの部屋へ転居することになりました。シェルターを出ることで今後の生活や妻との関係がどうなるのか不安は小さくありません。

これまでのシェルター生活や味沢さん、センターとの関わりの中で自分の課題と向き合うことができたと感じています。一番自分に足りなかったことは、自分の人生を自分で決めて自分で生きていくという自覚と、そのために必要な他者とのコミュニケーションスキルだったのだと思います。

生い立ちや学生時代の1人暮らし、社会人となり結婚してからの生活など、各ステージでの様々な要因があると思いますが、これまでは深層心理として社会的に方向づけされたルートを最低限外さないように生きてきました。しかし結果的には自殺未遂をしてしまったり、今回のような事態を招いたりする結果になってしまった。

私はどこかで様々な事象を他者や周囲の環境のせいにしながら、自分の人生と真剣に向き合ってこなかった部分があるのだと思います。自分の人生を自分ごととして捉えて意思決定し、それに対する責任を負うという覚悟が薄かった。意に反する事柄や他者の主張に対してもしっかりと「NO」を言うことができなかった。また、そのコミュニケーションスキルが不足していたため、それを表現する言動によって相手を傷つけたり怒らせてしまったりするようなことが起こっていたのだと思います。

味沢さんやセンターの方々との会話の中で、「人生は自由だ」「自由には責任が伴う、怖いことでもある」「でも大丈夫、1人で生きていける」といった趣旨の言葉を何度かかけられました。逃げ出してきた当初には、自由という感覚自体に蓋がされていてまったく実感はもてませんでした。

このシェルター生活の期間を通じて、自分はこの先どうしていきたいのかということを、一人称で、様々な制約ありきではなく自分の本当の希望は何なのかという思考で考え始めることができるようになってきたと感じています。まだ明確なビジョンが描けるようになるまでには時間がかかるかもしれませんが、味沢さんやセンターの支援を賜りながら、また継続的にグループワークやカウンセリングを通じてスキルアップしながら前に進んでいきたいと思います。

体験談⑩

結婚という名の「パンスト」を脱ぎ捨てて

みやこ　女性

私はパンスト、つまり「パンティストッキング」がはけない。私の尻が巨大で物理的に合うサイズがないとか、パンストに欲情した殿方にすぐさま破り捨てられるから、とかそういったことではない。

パンティストッキングという、世の中のオフィスレディがいとも軽やかにはいている、あのナイロンやポリウレタン１００％でできているシロモノの感触や圧迫感が、苦手なのだ。

化学繊維のかたまりが、私の半身をぴったりと覆う。想像するだけで息苦しい。肌触りもチクチクとして落ち着かない。下着や服は綿１００％のものを探し出して身につけている私からすると、常軌を逸したアイテムだ。女性社員はパンストを身につけるように言われていた会社に勤めたこともあったが、3週間で辞めてしまった。それくらいパンストが合わない。

私の結婚生活をざっくり例えると、パンストをはいているかのようだった。肌になじまない素材が、ぴったりとくっついて離れない。苦しい。皮膚呼吸ができない。別居と調停を経て離婚に至ったが、その期間は長年はいていたパンストが肌にぴっちりと張りついてしまっていて、ひきはがすのに猛烈な痛みがともなった。

離婚しておよそ5年が経とうとしている今、日本家族再生センターにつながって私が何をしているかというと、センターに来る人を通して、精神的・肉体的なDVとは、家族とは何かを観察しては心のメモに書き留めるようなことをしている。

もちろんワークに顔を出し始めた時はそんな意識はなくて、離婚後も続く元夫と娘との面会に困難を感じ、それにまつわるいろいろな感情を吐き出しに行っていただけだった。

センターで出会う人にはいろいろな人がいたが、特に男性たちと話をした時にびっくりしたことが何度かあった。彼らの言動が驚くほど元夫のそれとよく似ていたからだ。僕は正しいのに妻が応じない。だから無意識に精神的・肉体的暴力というツールを使って主導権を握り、より強く支配しようとする。そんなふうに見えた。元夫の亡霊がたくさんいるみたいだった。

私は元夫のモラルハラスメントを理由に離婚という選択をしたけれど、それはあくまで戸籍や法的手続きの結果のひとつにすぎず、気持ちの面では何ひとつクリアにならなかった。

離婚後は諸々の手続きや子育て、仕事に忙殺されてしまい、そのクリアになっていない自分の気持ちと向き合ったり、手当てをしたりする暇もなく時間が過ぎていった。ようやく生活が落ち着き、気持ちに余裕ができて気づいたことがある。

私は離婚がしたかった訳じゃない。ただ、愛されたかった、認められたかった。ということだ。

それはきっと元夫も同じだったと思う。

そしてまた私も、彼を認め、大切にしていなかった。

結婚から離婚の渦中にいた時は考えが及ばなかったが、時間が経った今だから感じるのは、精神的・肉体的暴力をする人もそれを受ける人も、根底には「認められたい」「尊敬されたい」「愛されたい」「大切にされたい」という思いだ。それをうまく伝えられずに、相手より優位に立とうとすることで自分を守ろうとする。それが逆に関係をおかしくしてしまうのだが。

離婚した今でも「俺は何も悪くなかった」と言う元夫は、父親や男性を頂点とする封建的な家庭で育ったため、一家の主が家族を支配・管理するのはごく当たり前のことという認識があるようだ。結婚する時に「うちの父親の機嫌さえ損ねなければ良い」という元夫の母や姉の発言や、『「おまえは妻をコントロールできていない」』と父に叱られた」と不機嫌に言う元夫の真意が当時はわからなかったが、今ならわかる。彼らもまた、コントロールされているのだ。

支配されている人は、他の誰かを支配しようとする。それも無意識に。マトリョーシカのような入れ子構造になっている支配関係は、カルト宗教にも近いものがある。私の場合は、父親が「教祖」である家に嫁いだことで、「父親信仰」が正しいものとされ、それを拒否すると私自身を否定された。彼は自分の親を大切に思っていて、それを私にも共感してほしかっただけなのだろうが、「夫の親とうまくやる、そんな簡単なことが何でできないの?」という元夫の言葉に、私の自己肯定感はどんどん萎縮していった。

モラルハラスメントという言葉も今ほど一般的ではなかったし、肉体的に暴力を振るっていなければセーフでしょという無責任な言葉に傷つき、「結婚なんてそんなもの、男なんてそんなもの」という何かを諦めた発言を耳にしては落胆した。私は子どもがいるのにまともに結婚もまっとうできないダメ人間だ、と思い込んでしまった。

どこに頼っていいかわからず、心療内科やDV相談センターに通うようになった。女性相談で紹介された弁護士と接触した時は「離婚さえすれば楽になれるのでは」と思っていた。弁護士をつけて調停を申立ててからは離婚への道筋がくっきりと見えた。

「正しさ」を押しつけられる苦しさ

ただ、今になって思うが弁護士は弱いものの味方ではない。れっきとしたビジネスだ。離婚だろうが配偶者の暴力だろうが、お金になりそうな案件なら引き受けるし、そうでなければ引き受けない。離婚に右往左往する家族のフォローなどは管轄外だ。

弁護士もそれを推薦した女性支援団体も、暴力↓即・離婚といった具合に離婚を煽りはするが、離婚後の私の心のケアはメニューにはない。結局、「加害者」を排除することでは何も解決しないということは、その時はわからなかった。

元夫はよく「俺が正しくて、おまえがおかしい」という旨の発言をしていた。人が生きる上で「正しい」や「当たり前」を支えにするのは自由だが、「正しさ」を押しつけられるのは時に息苦しい。パンストで全身を締めつけられているようだ。

婚姻関係・親子関係にあるというだけで自分の「当たり前」を相手が理解するべきだと思っている人は、自分もまたその「当たり前」を押しつけられてきたのだろう。精神的・肉体的な暴力の「加害者」も、一歩ひいてよく観察すると「被害者」なのかもしれない。

誰かに押しつけている「正しさ」に自分自身も締めつけられているという自覚がないだけだ。

　そういう訳で、私は結婚という名のパンストを脱ぎ捨てた。はきたい人ははけばいいし、はきたくない人ははかなければいい。所詮、その程度のものなのだ。私は、娘やその次の世代に「私だって苦しいパンストをはいていたんだから、あなたたちも我慢してはきなさい」とは言いたくない。誰かが我慢することで成り立つシステムは、沈黙しているとそれを認めていることになるので、嫌なものは嫌だとハッキリ言っていいし、そこから立ち去ってもいいのだ。それにとやかく言う人間は、放っておけばいい。信仰の違いみたいなものだ。

　最近読んで面白かった本『ニートの歩き方——お金がなくても楽しく暮らすためのインターネット活用法』（技術評論社）の著者のpha氏はシェアハウスを運営しているニートなのだが、家族とか働くことに関して著書でこう言っている。

「一般的に世の中の『常識』だとか『当たり前』だとか『守るべき伝統』だとかにされているものは、よく遡ってみるとせいぜい五十年から百年くらいの歴史しか持たないものだったりする」「自分と違う生き方をする人たちについて、自分とは全く切り離された何かだと思わず、自分と共通する土壌から生まれた全体の一部だと思って受け入れられるような、そんな寛容さをみんなが持ったらもう少し世界は生きやすくなるんじゃないかと思う」

人間関係や自分の状況に不和を感じている人は、一度ｐｈａ氏の本を読んでみると発見があるかもしれない。人ってもっとテキトーでいいんだな、自分の感覚を大事にしていいんだな、と肩の力が抜けるはずだ。

人と人が気楽につながってゆるやかに共存できる世界は、「ねば」や「べき」ではつくれない。「そういうのもありだよね」という寛容さが自分も相手も楽にする。何かを押しつけられるところにはいたくないが、心地良いところには人は自然と寄ってくるものだ。

「自分を卑下する」のは私の問題

私にとってセンターでの交流は、結婚・離婚という体験を通して、怒りや悲しみやその他よくわからない感情で焼け野原になった心の中で、無数にちらばっている何かの残骸を一つひとつ拾って骨壷にしまう、そんな作業に似ている。あるいは、家族という密室を舞台に繰り広げられる、支配と被支配の関係を客観的に眺める作業とも言える。センターに来た人たちとだらだらしゃべったり、飲んだり食べたりしながらそれができるのだから、パンスト供養もまんざら悪くない。

と、ここまで書いてみてこうも思えるようになった。配偶者に否定されたことと、それに対して「自分はだめな人間だ」という感情を紐づけることはまた別のことである、と。「他者を否定する」という選択をしてしまうのは彼の問題であり、それによって「自分を卑下する」という選択をしてしまうのは私の問題なのだった。それに気づけてよかった。

そういうわけで、誰かの話を聞いたり話したり、本を読んだりすることで自分が今もっているのとは違う視点を得られる。それはなかなか楽しいことなので、またふらりとセンターに顔を出すかもしれません。その時はみなさんどうぞよろしく。

体験談⑾

DV問題は一生つき合って行くライフワーク

小西武史　男性

1人目の結婚相手は結婚2年半後から闘病生活となり、その3年半後に亡くなりました。彼女との婚姻関係は6年弱。もめていながらも、子どもが1人でき、その子が2歳半の時から基本、私と子どもの2人の生活です。保育園の送迎、行事などに積極的に参加し、私はママ友もたくさんできて、4年間楽しく過ごしました。他人から見るとパパが独りで育てているのが大変そうに映っていたようですが、渦中の私はしんどくもありましたが、それ以上に楽しくもありました。

2人目の結婚相手とは、現在、結婚2年弱です。そして別居8ケ月。現在の妻さんには、随分と1人目の妻の愚痴も聞いてもらい、時折アドバイスもしてもらっていました。そんな妻さんと、幸せな2回目の結婚のはずだったのに、私のたび重なるＤＶによるパワーコントロールや無視が嫌になり、妻さんに出て行かれました。

妻さんが出て行く1ケ月前（平成29年6月8日）より、自分のスキル向上のために日本家族再生センターのワークに月2回通い始めました。毎回、妻さんに子育てを労おう、謝ろう、感謝の言葉をかけよう、と思いを持ち帰りましたが、ワークでは感情を出せても、現実の世界では妻さんと顔を合わせると何も実践できませんでした。これも私の力のなさがすべてでした。

そして、私と子どもが7月8〜9日にセンターのキャンプイベントに行き、気分良く帰ると、我が家はもぬけの殻でした……。その時、不安と寂しさと怒りで動揺し、衝動的にセンターに「誰もいなくなってしまいました」と電話することしか思いつきませんでした。

そのキャンプイベントでは、たくさんの被害者、加害者、男女問わず話し、聴くことを通して、自分なりに妻さんが思う気持ちも共感できるなと思いました。過去の過ちにあらためて気づき、バカな自分に気づき始め、回復につなげようと思っていたのですが、時すでに遅しでした（今までも何度も過ちを反省し、これからに向けて戒めや我慢などはしておりましたが、その場限りでもあったかと思います）。

その後センターへは、ワーク、グルメナイト、その他イベントへ依存しつつ、休みなく通いながら、男女問わず当事者と触れ合い、たくさんのいろいろな気づきがありました。

ここでの気づきは、今までのように自分の中でわかった気になっているというよりは、自分が自分のことを語り、悩み、笑い、悔みながら、当事者としてさらけ出し始めたというような感覚です。

この件があるまでは、時折ワークに行ってはわかった気になり、「自分はそこまで酷い奴でもないし、それなりになおる見込みがあるだろう」と何のあてにもならない自分勝手なものさしを基準とした安心感で、自分を棚に上げて参加者の話を聞いていただけでした。だけど、キャンプ以降は参加すればするほどに「なるほど!! そういうことやったのか!」○○さんありがとう。○○くんありがとう。という気持ちでそれぞれの当事者の語りや経験談を聴いて、心にしみるような感覚になりました。

参加者がすべて当事者で、当事者の感情を見せてもらえたことと、「共感」により安心して話し、表現することが大切な時間だと思っております。

「問題」＝自分のアイデンティティ

グループワークは、どれだけ自分を発揮するかというトレーニングの場だということもわかりました。あくまでも本番は、パートナーとのコミュニケーションの場で、トレーニングの成果をどれだけ発揮できるかだということもわかりました。

加害者が被害者を傷つけ、被害者が加害者を傷つけているという構造も、他の渦中の人の言動を見たりして理解できるようになりました。「お前が○○しないから自分が頑張ってるんや！」ということを一方的に見るのではなく、「私が○○しないから相手を刺激させていることにもつながるの？」と、お互いの関係性がＤＶを生み出しているということも随分と理解できてきました。

ですが、理解できただけで自分の中ではすべて解決した訳でもなく、自分を責めたり、相手を責めたり、自分の親、相手の親のせいにしたり、行ったり来たりな考えでありまして、いまだすぐに不安定になります。

ある日のグルメナイトの深い時間に「ＤＶ男の回復はあるの？」と元被害者女性に聞いたところ、アッサリと「なおった男、見たことないわ」という言葉が返ってきました。正直やっぱり……って気になりました。ですがその言葉の真意は、「自分はＤＶをしてしまう可能性を秘めているので、そんな自分を受け入れ自戒と共に生きるしかないのと違うか！」というメッセージだと感じました。またまた自分の自覚する考えよりも、もっともっと深いところに根強く凝り固まったものがあるのだと思い、ＤＶ問題は一生ずっとつき合って行くライフワークだなと思っております。

あと、先の元被害者女性は「１人でＤＶを克服するというよりは、相手あってのことなので、2人で解決するのがベスト」と、私の現況を見て「自分も2人で解決できてたらなあ」とも話していました。

相手にも自分にも問題があり、そのことに自分自身が気づくことがない間は、夫婦の問題が解決することは難しく思います。お互いにまず、自分がもつ問題を紐解いて解決していく作業が必要なのでしょう。なかなか自分の問題には気づきにくく、その問題は自分のアイデンティティなところもあり、手放すことが難しいとも思いますが、根っこが何かわかるかわからないかで、今後の問題解決は随分と違うのではないかと感じます。

ワークに参加し、わかった気持ちになるだけでなく、実生活でワークで体験したことを自分でどれだけ生かせるか？　自分が今まで大事に大事にしてきたパワーでコントロールすることが、家庭やパートナー、仕事の仲間にとって、煩わしい思いであったことに気づき、今後はどのように、受ける相手が心地良い優しいコントロールができるかが課題です。

私の現況は、別居中の妻さんが感情を表してくれることを待っている次第です。

体験談⑫

自分の傷を癒す「安心できる場所」

猫田弥生　女性

結婚して10年。結婚後すぐに始まった彼の暴力に当初、私は混乱していたものの、何とかしよう、きっと何とかなるはずだと思っていました。普段は穏やかな彼でしたがスイッチが入ると攻撃的になり、まるで人格がふたつあるようでした。

攻撃的モードが終わった後に反省する姿を見ていると許してしまう自分がいて、それを10年続けていました。しかし状態は緩やかに徐々に悪化していったと思います。

友人や身内には心配をかけるので言えませんでした。また彼の両親に相談をしても、親の前では利口な彼がそんなことをするとはご両親は想像もできず、そんなことはないはずだ、結婚した私のせいだと言われ、周りに彼のことを相談できる人はいませんでした。

子どもも生まれ、結婚2年目くらいからいろんなところに相談に行きました。藁にもすがる思いで「DVカウンセラー」というところに高いお金を払って行ったこともあります。市のやっている相談窓口や、電話カウンセリングにも頼りましたが、そこで言われたのは、「DVは絶対になおらないから、すぐに別れるべきだ」ということでした。その当時、私は解決策を探していたので、求めている答えではなく、「なおらない」という言葉に愕然としました。

父親がDVなんて、子どもが偏見の目で見られてしまう。そう思い、周りには幸せな家族として見えるようにしていたと思います。しかし生きていることが本当に苦しくて、死にたいと思う日々が続いていました。急に発狂することもありました。高いところにいると飛び降りたくなったり、急に車のアクセルを踏んでどこかにぶつかりたくなったり、包丁を持つと自分を刺してみたくなったり、そういった衝動を抑えるのが苦しかったです。

DVを受けている人に対して、なぜそんなところにいたのだ。なぜ逃げないのだということを言う人は多いです。また私自身もそう思っていました。それでも彼に頼っている部分があり、情けないのですが離れることが怖かったのです。

今ならそれはDV被害者特有の自己肯定感の低さからくる問題なのだとわかります。しかし自己を否定され、心身の暴力を受けている人間が自己肯定感が上がる訳がなく、自立するなんて夢のまた夢でした。また、私なんかにはそんなことはできないと思っていました。

警察には何度も起こる家庭内暴力に、シェルターを強くすすめられましたが、シェルターが良いところではないという情報があり行くことが怖かったです。

そんな中、80％の方がなおると言われているDVの更生プログラムがありました。彼は、自分はなおして離婚したくないということでしたので、私は更生プログラムに通うことをその条件にしました。しかし、自分を振り返り、相手の気持ちを考えるプログラムは彼にとっては、とても苦痛だったのだと思います。彼は半年以上も行くふりをしてパチンコへ行っていました。

そのことが私にばれて、彼がこれからは更生プログラムに通うと言った次の日、朝起きたら彼は家にいませんでした。携帯も電源を切られていました。荷物も消えていました。

朝、子どもたちが私に言いました。「昨日の夜、トートはこれで最後だからって言ってた」と。

私はやられたと思いました。経済的にもとても困る状況になると。また今まで彼は脅しで「自殺する」と言うことがありましたが、今回は本当にそうしに行ったのかもしれないとも思いました。彼の心配よりも、自殺して見つからなかったら保険金が下りないとか、離婚できないということのほうが心配でした。

いろんなところに電話をして聞いて回りましたが、仕事も無断欠勤をしているようでした。途方に暮れました。私が死にたいと思いました。ところが、その日のお昼頃、彼からメールがありました。自分は無事だということ、シェルターにいるとのことでした。ほっとして、彼のいる日本家族再生センターを調べ、味沢さんへ私もつながりました。

私は自分が悪者にされるというのが怖く、彼のことを説明しようとしました。すると味沢さんは、事情はだいたいわかるから大丈夫だと言い、「彼のことはこちらで見るので安心してください。あなたはあなたの傷を癒していく必要がある」とのことでした。私はそう言われ、10年分の肩の荷が下りた気持ちになりました。そこから私の人生は大きく変わっていったと思います。

勇気を出して飛び降りたら、ちゃんと受け止めてもらえた

それから私は、電話やメールで味沢さんに今までの気持ちを全部吐き出させてもらいました。味沢さんがそうするように言ったからです。だいたい2週間くらいは毎日、味沢さんに長文のメールを送っていました。メールをつくるときは基本的に泣いていてつらかったですが、それを受容してもらえることで、自分の傷と向き合うことができるようになりました。

これは本当に大切な経験だったと思います。自分をさらけ出すというのはとても難しいことだと思います。ましてや傷ついてきた人たちは人に甘えることが苦手だと思います。自然と自分を攻めている感情もあるので、自分なんかの話を聞いてもらえないと思っている人も多いと思います。

また傷つくかもしれない……そう思いながら、もうどうなってもいいや。最悪死んでしまえばいい。そう思ってすべてを吐き出したと思います。例えるならば、高いところから飛び降りて、下で誰かが受け止めてくれないと死んでしまう状況で、勇気を出して飛び降りた。そしたらちゃんと受け止めてもらえた安心感。そんな感じでした。

安心できる場所。それは傷と向き合い癒していく人にとっては、絶対的に必要なことなのではないかと思います。

自分は変えられる、人は変えられない

その後、私はＤＶ加害者、被害者の方が一同に集まるワークに参加しました。正直、ＤＶの加害者の人となんか顔も合わせたくなかったです。嫌悪感の塊でした。しかし、今となってはとても仲良しで、子どものお世話も安心してお願いできる。そんな関係です。

１回目のワークで行なったのは「怒りのワーク」でした。怒りは大切なものだと。怒り

は自分が何に傷ついたのかを知らせてくれる、自分を守る大切な感情だ。そう書いてありました。そのワークで涙が出ました。そうか。私は彼に対してとても怒っていた。それは私がとても傷つけられたからだ、と。そして、味沢さんから言われたことを思い出しました。その時はその意味すらわかっていませんでしたが、「自分を守る力がない」と言われました。この時のワークで私が何に傷ついているのか、私は何が嫌だったのか、そういう自分の気持ちをずっと無視してきたなと気づきました。そんな自分がとても可哀想に感じました。今まで無視してきてごめんね。傷ついているのに、それでも無理させてごめんね。そう自分に思いました。それはとても癒されることでした。

その時はまだ夫とは同居しておりましたので、日常生活で彼からの攻撃や裏切りは続いておりました。しかし、自分が傷ついたことに気づくようになり、自分を守るすべを身につけようと思っていた私は、それ以降、彼にいろいろ言われようとも「私はそんなふうに言われると、とても嫌な気持ちになるのでやめてほしい」「今のあなたがこう言ったことはとても嫌だったし、謝ってほしい」と自分の気持ちを伝えることができるようになりました。

その頃、彼に転職の話があり、私たちがついていかないというやり方で、別居をすることになりました。当初、自信のなかった私は、家族もいないところで、子どもを2人抱え、体調も崩してしまっていた状態で、どうやって1人で生活をするのか……と、とても大きな不安を抱えていましたが、彼がいなくなった途端、私の目眩は消え、とても清々しい生活ができるようになったのです。これにはびっくりでした。

そこから自分と向き合う時間が始まりました。引き続き、毎月東京で行なわれている味沢さんのワークにも行き、私の日々の生活は幸せになりました。毎日が楽しかったです。

彼は月に一度帰ってきましたが、私はとても気持ちの良い日々を送っていて、彼への負の気持ちもどんどんなくなっていったので、彼を悪い人だとも思わなくなりました。

彼は相変わらず私を否定する場面がありましたが、以前と違っているのは私の受け取り方でした。これまでの私なら彼に「なぜ、あなたは変わらないんだ！」と思っていたと思います。でも「彼はまだ苦しみの中にいて、だから人に攻撃してしまう。もっと上手くコミュニケーションがとれれば、きっと彼は楽になるだろうにな」と思ったのです。

私自身の守り方、考え方、在り方が変わっていたのだと思います。同じことが起こっても、前みたいに傷つかない。嫌なことをされたら、それを受け取ることもしません。私は私を何より大切にする。そう決めていました。それが一番大切なことだとやっと気づいてきていたからです。

また、自分は変えられる。人は変えられない。ということも身をもって理解できました。

自分が変われば苦しい状況からは抜けられる、ということを学びました。

私の場合、タイミングよく別居という形をとれたのですが、この心理状態であれば、どちらにしても彼からは離れていたと思います。依存状態を脱したということです。

私は自立できていなかったことに気づきました。自立することは誰のせいにもできない。自分の人生は自分で責任をもつということです。彼がどうだからとか、周りの環境がどうだからとか、関係ないのです。それを選んでいたのは私自身だったと気づきました。

怒りや憎しみの感情がなくなって

私はとても幸せな気持ちで暮らすことができてきました。自分の心を大切にする生き方を始めることができました。彼と結婚したことで人生は不幸になったと思っていましたが、今では彼と結婚したおかげでいろいろ気づけて、今の自分があるのだと、とても感謝しています。

また不思議なことに自分の心を大切にする生き方をしていくことで、人生の風向きも変わってきました。自分の好きな人たちに囲まれて仕事もやりたいようにやれるようになり、いろんなことがいいように変わっていきました。

良い悪いで判断しても意味がないということも学びました。みんなが気持ちよく生きられればそれが一番いいと思っています。

　以前は、母として……妻として……と「○○でなければならない」とか「○○するべきだ」という考えがあったと思います。今はいろんなことがあって、そういった考えがなくなりました。

　また人の目も気にならなくなりました。今までは何度も家に来る警察や救急車にご近所からどう思われているのか、叫び声が聞こえる我が家をどう見られているのか、とても気になって、外に出るのが嫌だなと思うこともありました。でも人は人。私の人生は私のものであり、誰かにとやかく言われる筋合いもない。私は必ず幸せになるんだ、と今は思っています。

　子どもたちに関しても「母としてこうしなければ」と思っていましたし、そこからズレると、自分を責めていました。家庭内暴力があるお家で育ててしまってごめんね。そんなところに産んでしまってごめんね。お母さんが笑っていなくてごめんね。仲良しのお父さんお母さんを見せてあげられなくてごめんね。たくさんのごめんねを抱えていました。

　でも、それは子どもの力を侮っていました。子どもはとても強いパワーがあります。今、これまでと大きく違うのは、子どもの人生を一番に考えていないということ。やはり何より自分なのです。それが健全なことだとわかりました。そうやって自分の人生に責任をもった時、子どもたちの人生の見え方も変わり、1人の人間として尊重できるようになってきたかなと思います。

今までは「自分がお母さんとして何とかしなきゃ」と、言い方は悪いですが子どもを自分の所有物と考えていたという部分もありますが、彼らはいつか巣立って行く存在であり、やりたいことをやってほしいと思うようになりました。

今、一番嬉しいのは、怒りや憎しみといった感情がなくなったこと。それがあるとどうしても気持ち良く生きることはできません。

夫との関係は以前と比べると断然良い状態になったと思いますが、私は離婚に向けて進んでいこうと思っています。自分の気持ちに正直になった時、無理して一緒にいる必要はないと思ったのです。今までは自立することが怖かった。でも今は自分の心を一番大切にすることが幸せだとわかったので、自分の心を大切にするために勇気を出して一歩踏み出そうと思っています。彼にとっても良い状態になれば良いなと思っています。

ここまでこられたのは、味沢さんをはじめ、同じ苦しみをもっている方々とつながれたことが大きいと思います。まだまだですが一歩一歩、自分らしい人生を送りたいと思っています。

体験談⑬

別居、離婚……から歩む「解決の道」

SY　男性

日本家族再生センターにてお世話になる前になりますが、私はあるＮＰＯ法人にてＤＶ加害者更生プログラムを受講しておりました。

もともと短気な私は妻さんの気に入らない言動にいつもイライラしてしまい、よく言葉で相手を口撃したり、それでも怒りが収まらない時は物に八つ当たりをしてしまうことがありました。

ある日のこと、怒りが頂点に達した私は自宅にて妻さんと子どもの前で怒鳴り、物を蹴飛ばし自分から別居してほしいと願い出て、妻さんと子どもは妻さんの実家へと去って行きました。

その後、妻さんのほうから先程も書きましたとあるＮＰＯ法人にて、ＤＶ加害者更生プログラムを受講してほしいとの手紙を受け取り、私がやったことはＤＶ行為なのか？　妻さんは自分が何も悪くないと思っているのか？　と疑問に思いながらも受講することに決めました。

学びの中で私のやった行為がＤＶだということがよくわかり、そしてこれからどうやって生きていけば良いのかということを実生活の中で実践し、人とのコミュニケーションがだいぶ良好になっていくことを実感しました。しかしながら、そこでのプログラム修了間際、私の中に何かが足りないことも同時に実感していました。それが何なのかわからない中、同じプログラムを受講していたＳさんに日本家族再生センターを紹介していただき、参加してみようと思いました。

私は関東在住ということもあり東京ワークのみの参加となりますが、そこで学んだことや感じたこと、変化したことを書き綴りたいと思います。

まず初回の参加は非常に緊張しました（笑）。なぜかというと被害者側の人々も一緒に参加しているからです。ある被害者のご婦人を見ると「あー、なんか別居中の妻さんと似た雰囲気を感じるんだよなあ」と思い（実際生育歴が、かなり似ておられました）、何というか試されている気持ちが湧き上がってきたのを覚えています。

次に子どもたちも参加者と同じ部屋にいるので、子育てを完全に妻さん任せにし、かつ子どもとのコミュニケーションに対して自信を失っていた私としては、どのように接したらいいのかわからないという現実にも直面してしまいました。

別居中であり妻さんと子どもとも会えない状況の中にある私としては、より現実に近い状況をシミュレーションしていて、このあたりが「被害者と加害者が一緒にワークをするなんてとんでもない!!」という他の更生プログラムとの大きな違いだと思います。

次に東京ワークではミニ講座があります。

内容はバラエティに富むのですべてを書くことは難しいのですが、海外での犯罪者・薬物常用者等の更生組織「アミティ」についてや、近年の日本における児童虐待の推移・考察、フロイト・ユングの心理的分析、エリクソンの発達課題、近代日本の性事情、霊長類のコミュニティについてや、量子論的思考、果ては世の中のトンデモ現象についてまでカバーするという、一見DVとの関連性がよくわからない講座もあります。

講座では質問などを交えながら進んでいくのですが、その間DVという言葉がほとんど出てきません。それが最初の頃は謎でして、一体何のためにこれを学んでいるのかという疑問をもったことがあります。しかしながら一つひとつを紐解いていくと、現在の私を形成するには様々な要因があり、決して自分自身の暴力性を正当化する訳ではありませんが、今日の社会全体が個人を蝕《むしば》み病んだ人間が発生し、そのうちの1人が私なのではないかという結論に至りました。

ミニ講座とは別のワークの時間では、参加している皆さんと、自分自身の過去を振り返ったり、自分の長所・短所をひたすら書き綴ったり、家族像についてわかち合ったり、と様々なワークがありましたが、私にとって一番苦手だったことのひとつが自分自身の過去や現在の感情を言語化することでした。

最初の頃はなかなか私自身を客観視することが難しく、素直にあの時は「つらかった」や「悲しかった」などが表現できませんでした。過去に私がいた家庭や学校、職場での理不尽な暴力にも「当たり前」や「しょうがない」「耐えろ」と処理していたために、本来の感情に蓋をしていた結果このようになってしまったのだと思います。なので、非常に素っ気ない言葉が多く、私が皆さんの前でしゃべる時間も非常に短く終わり、ワークを終えた後に、なぜ自分は思い思いの言葉が出てこないのだろうと悩んだ時期がありました。

それでも回数を重ねていくごとに少しずつですが、本来の自分の感情表現や、個人を大切にする性質が上昇していき、今では他人とは違う「自分」を公開することにひとつの楽しみを見出しています。おそらくですが、私に足りなかったのはその部分で、自己肯定感が欠落していたことに気づき、何を言っても大丈夫な安全な場所が必要だったのではないかと思います。

明るい孤独死だってあっていい

現在の私は妻さんからの希望で離婚調停を行い、2回の調停で離婚成立。養育費の支払いと月1度の面会交流の実施に同意し、現在に至っています。

元妻さんはシングルマザーということで大変な生活だと思います。元妻さんとの通信はメールなどのやりとりができるので、私としてはできるだけ支援をしていきたいとは思っていますが、それが彼女にとってありがたいことなのか、それともありがた迷惑なのかははっきりとはわかりません。しかしながら助けてと言われた時には極力助けたいとは思っています。

子どもとの面会交流は月1度数時間実施してはおりますが、私の希望としては欧米にある共同親権的な交流を求めています。しかしながら傷ついた元妻さんからの理解は難しくもあり、現状の維持がやっとという感じです。

私を取り巻く状況は私の求めているようには当然なりませんし、他人を変える気もありませんが私自身は変化してきたのは実感しています。

以前は完璧主義的なところがあり、失敗する自分が赦《ゆる》せないという一面がありました。自分を赦せないというのはかなりの精神的ストレスを与えていましたが、その一面がワークを続けていく中で変化して、今は失敗する自分も受け入れることができるようになってきました（いいかげんになったとも言いますが）。その結果か、私は感情がすぐ顔に出る人間で、以前は常に余裕のない表情でしたが、ある時味沢さんから表情が良くなったと言われると、人相って内側から出るものなんだなと実感しました（私はまったく気づきませんでした・笑）。

別居から離婚へと発展してしまい1人での生活を余儀なくされ、当初は孤独感や結婚生活を失敗してしまった虚しさと絶望感で健康を害するほどにまでになっていました。おそらくこの先1人で生きた末、最後は孤独死で終えることへの不安のようなものもあったのだろうと思います。

今思うと、自分だけでは解決できない問題を適切な支援を受けずに1人で負い過ぎたと感じていますが、問題解決の支援を受けながら1人で生きるということを見つめ直し、まずは自分で料理や洗濯をするところから始まり（以前は、ほぼ妻さんへ丸投げ）、1人旅行や1人で興味のあるイベントへの参加（以前は家族イベントの強制）などをしていくうちに、今の私にとっての生きる楽しみや私自身に最適なライフスタイルの発見をすることができるようになってきました。

そこで見出したのは他人と一緒に何かをするのもそれはそれで良いのですが、そればかりだとどうも私の性格上それで疲れてしまうところがあるようで、今は今の生活が最適なのではないかと思えるようになってきました。

ということで孤独死という言葉を聞くと暗いイメージがありますが、今は明るい孤独死だってあったっていいじゃないかと考えられるようになっています。もちろん実際の私の終末はどうなっているのかはわかりませんが、日本家族再生センターに通わなかったら、しんどい生活が今後もずっと続いていたのではないかと思います。

社会の「生きづらさ」から脱却するために

東京ワークではよく今日の日本における社会構造や権力構造、または思想についての話題が出てきます。今までの私はそれにどっぷり浸かっていたので無意識のうちに家庭や職場、公での従属意識や縦社会、男尊女卑やフェミニズムなどたくさんの影響を受け「生きづらさ」というのをぼんやりと感じていました。

そこらへんと関わるとどうしても個人を奪われるというかコントロールされている気持ちとなり、できるだけ距離をとることにしました。

もちろん私は社会の中で生きている人間なので完全に影響下から離れることはできませんが、ある程度の世の中と私個人との分離には成功した感じはあり、だいぶ精神的には楽になったと感じています。結局のところ私は他人をコントロールしようとしていた節があったものの、その実、実際は社会からコントロールされていた一面もあったのではないかと思います。

それと先程にも書きましたが私は社会の中で「生きづらい」という感覚がありました。その生きづらさからの脱却のために、今はもう「支配はしません、させません!!」というキャッチコピーの下に生活しておりますが、実際はそのおかげで職場などにおいて、いろんな意味で目立ったり大変だったりする面もあります。しかしそれは脱暴力には大切なことだと思いますし、そんな行動ができるようになった自分を気に入っています。

と、このような私になりましたが、もしかしたら見ようによっては私は社会不適合者として見られるかもしれません（最初からそうだったろというツッコミは別として）。しかしながら今はその言葉は褒め言葉のように感じてしまう自分がいます（笑）。

最後になりますが、自分がＤＶ行為をしてしまったのは自分の選択によるものです。その結果が今の状況というのはごく当たり前であり、味沢さん的に言うと「そりゃそうなるよねー!!」という感じでしょう。

現代の日本において私のような人間が発生してしまうのが不可避であるのならば、重要なのは当事者が問題に気づいた時にどう対処するかだと感じています。

残念ながら離婚をしてもＤＶなどの問題は解決されません。パートナーだった人と物理的に距離をとるということで問題の一部は解決されるかもしれませんが、本当の問題は個人にある訳なので、その病理はまだ当事者を病ませていると思います。

大切なことは自分自身に欠けていた（あるいは未発達な）部分の回復・再生、そして今の世の中において自分のスタイルを失わない生存スキルをもつことではないかということを、ワークを通して感じています。

もちろん私はまだまだ発展途上なところがあり、様々な問題に直面するとしんどさに覆われる時があります。ですがそれを不適切な方法で解消させるのではなく、味沢さんからの助言やワークでの仲間との交流によって、解決の道を歩むことができるのを実感しています。

体験談⑭

私たちが選んだ共同養育物語

いろは　女性

メンズカウンセリングを学びながら関係修復のため、家庭内別居を2年間経た結果、私たちの婚姻関係に気持ちはなく、お互いの「役割」を果たすだけのものになっていることに気がつき、離婚を選択しました。

私たちを縛っていた「役割」から解放されるための修復離婚。

真っ先に浮上したのは子どもたちの今後についてでした。戸籍上は他人になったけれど、私たちには2人の子どもがいましたので、その子どもたちとの関わり方をどうするか？ということでした。世間では「親権争い」と言われるモノですが、当時の子どもたちにはまだ父親も母親も必要な時期。私と元夫どちらかに子どもたちの生活が偏るということは、お互いにも子どもたちにも不安材料になりました。

調停の場で共同養育を希望したけれど、「今の法律では対応できない」ということでしたので、元夫・子どもたちと相談をして親権は母親である私、戸籍・住民票は父親である元夫にし、一般的な片親親権とは別の価値観で同じ子をもつ親としてお互いに関わり、その責任も共有できるようにしました。

家を出たのは私ですが元夫とは近所に住み、子どもたちは私と元夫を自由に行き来します。子どもたちは転校することもなく、苗字が変わることもなく、生活環境が変わったのは「家がふたつになった」ということでしょうか。

結婚当初から結婚記念日なんて祝ったこともなかったのですが、まだ不安定な離婚家族として離婚記念日には元夫・娘・息子と会食を開き、お互いの距離感や今後の方針、お互いの在り方などの話をしました。

離婚後、運動会の弁当は持ち寄り式に

子どもたちの学校行事にも元夫婦ですが同じ子をもつ親として同席します。私にとってそんな時間は、子どもたちも含めお互いに心地良く、安心して過ごせるための修復とも言えます。

離婚家族になって初めての学校行事は運動会でした。これまでの〝夫婦・家族役割〟が

浮き彫りになった行事でもありました。元夫にとってお弁当を準備するのは元妻である私というのが当たり前で、離婚をしてもその当たり前はそのままの感覚の元夫。ここを〝私とアナタは別〟として扱わないと離婚をした意味がありません。この私の主張で元夫の激しい抵抗があり、連日に渡りかなりもめました。「あなたのお弁当は作りませんよ」という私の主張は、彼にとっては「俺には来るなということか」「俺とは一緒に食べたくないということか」という変換になります。

何度もそうではないということを伝えようとしても、彼の不安からの排除妄想は止まりません。が、ここは私も引けません。ある意味、私の正念場でもありました。

私は元夫を排除する気もないですし、何より父親と母親が別々にお弁当を食べるほうが子どもたちにとって悩みの元になります。そこで「仮に仲の良い友人・ママ友だちと集まって食べるとしても、持ち寄るよね?」と持ち寄り式の提案を説明しました。

仲の良い友人と集まるとしても、そこは持ち寄りだったり、割り勘だったりがフェアな場だと思うのです。それでも納得のいかない彼に「持ち寄るなら一緒に食べる。持ち寄らないならあなたとは一緒に食べない」と宣言しました。

元夫も頭では理解できても、今度は今までの「役割習慣からの自活力の低さ」が邪魔をします。結婚していた時は食事に関することはすべて私がしていたし、家庭内別居の時は元夫は自分の実家で食事を済ませていたので何もできなくて当然です。何もできない元夫を許してきた私にも責任がないとは言いきれません。

「別にあなたが作らなくてもファストフード店モノやスーパーの総菜でもいいじゃない？　冷凍食品も今は充実してるよ」と提案すると元夫も安心したのか、理解し持ち寄り式を受け入れてくれました（あえて「お義母さんに頼んだら？」と言うのは避けました・笑）。

ちなみに離婚後第1回目の運動会で彼が持ち寄ったのはマク○ナルドでしたが、子どもたちも喜んでいましたし、私はそれで良かったと思っています。

2年目以降も不安を抱える彼からのコントロールはありましたが、それに屈することなく（笑）持ち寄り式。4年目にしてやっと定着したという感じです。

今では、なあんにもできなかった元夫が用意するお弁当の進化を楽しめるようになりました。

保護者の役割も分担して然り

離婚当初は元夫のコントロールに太刀打ちできなかった子どもたちでしたが、だんだんそんな父親を逆コントロールすることも覚え、利用することも覚え（笑）、強く育っているように感じます。当時小学1年生だった息子はパパ宅から泣いて帰ってくることもあったのですが、今では晩ごはんは私の家で食べ、食べ終わるとゲームをするため元夫の家に行きそのまま泊まり、朝はランドセルを取りに私の家に戻って登校するという生活を「普通」として過ごしております。

先日は、パパ（元夫）と喧嘩して当初泣いていた息子でしたが、「俺はパパの役に立つためにいるんじゃない！」と宣言できたそうです。思わず「よく言えた！」とほめた私です。

そして役割と言えば、保護者会・ＰＴＡ役員・子ども会、これも「何で私だけ？」のひとつでした。地域性にもよりますが、私の住む地域では役員会・旗当番と結構な理不尽感がありましたし、その活動自体にもジェンダー問題があると私は考えていますが、それはそれとしても元夫は真面目なサラリーマン。そしてやはり「妻がするもの」、離婚しても「母親がするもの」という役割意識はついて回ってきます。そして子どもたちも「ママがしてくれたほうが安心する」ということで私がその役割を担うことを選択してきましたが、離婚後３年目、子どもたちも成長し、２ケ所生活（?）にも慣れきたのもあり、学校関連は保護者である元夫にバトンタッチすることを元夫に申請。

最初は仕事を理由に「できない」を通していた元夫ですが、離婚する・しないの時に子どもたちを引き取るつもりだった彼ですし。子どもたちの住民票が父親の元にあるので本来保護者は元夫になりますし。シングルパパになったら全部自分でするであろうこの役割。

私と分担して然りだと思うのです。少々乱暴かと思いましたが「保護者役割を放棄するなら子どもたちの住民票は私の元に移動させる」という条件を提示したところ、彼はかなり悩んだようですが、住民票は手放したくないようで、離婚3年目にしてＰＴＡと子ども会は元夫にバトンタッチできました。

「できない」と言っていた元夫も今は朝の旗当番も板についてきたようです。今年は息子が6年生ということもあり、子ども会の中でも保護者には「役員」がつきますが、私も上の娘が6年生の時に役員経験アリ。そこは先輩として元夫をサポートできますので、安心して役員任務を果たしてほしいと思います。

結婚していた時よりも〝家族〟に

こうして4年が経ち、最初は不安定だった離婚家族も子どもの成長と共にだんだん落ち着きつつあります。当初立ち上げた離婚記念日の食事会も忘れてしまうほど平穏な日常で、小さな問題も大問題にならないうちにお互い相談もできますし、家族の在り方・育児に関しても私も元夫も1人で抱え込まずシェアできる関係になったかと思います。

もちろん、これからも大なり小なり問題は発生するだろうし何が起こるかもわかりませんが、結婚していた時よりも〝家族〟を感じているのは私だけではなく元夫も、そして誰よりも子どもたちが「パパとママとワタシとボクで家族」と感じてくれているのが私はとても嬉しいと自己満足な〃今ココ〃です。

そんな私の修復離婚、今ココに至るまでにメンズカウンセリング力は十分に発揮されたと思いますし、ジェンダーや家族役割をとっぱらって「こんな私」と「そんなあなた」にフォーカスし、誰のためでもなく、私が私のために私が大切にしたいものを大切にできた。争う前にその争いは何を生むのか？　争う前に自分に何ができるか？　と自分に問いかけながら「私ＯＫ、アナタＯＫ」。それが私のメンズカウンセリングで学んだことであり、私にとって心地の良い関係を築くにあたり不可欠な学びだったと思います。＝感謝＝

体験談⑮

保護命令から調停、裁判を経て

海野 青　男性

私は今から約4年前の7月中旬に、妻と子どもが出て行きました。出て行く直前に、警察を呼び、警察が来た際に私から逃げるように離れていきました。

妻には出て行く約1年前から、「あなたがしていることはDVだ」と言われていました。

私は、自分がしていることは、家族の安全と秩序を守るために正しいことだと認識していました。

例えば……

お金は、私が稼いだものなのだから感謝しろ。

妻や子どもは、私の言うことを聞くもの。

子どもの仕事は、勉強すること。

従わなかったら、怒鳴られても構わない。

……というようなマイルールをつくっていました。

当時は、自分がDVやモラハラをしているという認識はまったくありませんでした。出て行った直後でも、「あいつらが悪い」という思いがありました。

妻と子どもが出て行って約2日後、妻から「話があるから実家に来て」との連絡がありましたが、私の変な意地があったのか、「出て行ったほうに問題があるのだから、こっちに来たら?」との返答をしてしまいました。

それが、今（2018年3月）に至るまでの最後の直接のやりとりとなりました。妻と子どもは、どこに住んでいるか現在でもわかりません。

争わなくていい、相手を思いやってもいい

妻と子どもが出て行った約10日後、大阪地方裁判所から呼び出し状が届きました。その内容を見ると、私が妻に対してDVがあったとのことです。

内容はかなり誇張されていて、妻が普段使っていた言葉から出てこない単語がたくさん入っていましたので、「これは担当弁護士の影響が大きいな」と思いました。

しかし私は、まったくDVをしている認識がなかったので、驚き、大きく落胆し、こん

な文面を書かせた弁護士に対しての怒りが湧いてきました。

「自分は、何て馬鹿なことをしていたんだろう。しかし、これからどうしていけばいいのだろう」と思い悩みながら、弁護士の30分無料相談というものを使い、数件話を聞いてみると、私の思いとは何か違う、事務的な他人ごとの返事でした。

その後の8月上旬、インターネットでDV関連の施設などを検索したところ、「日本家族再生センター」を見つけました。すぐに、センター長の味沢さんへ連絡し、カウンセリングを受けました。

よく考えると、その当時どのような話をしたかまったく覚えていませんが（おそらくこれからの方針かも）、味沢さんからは、「（妻とは）争わなくていい、相手を思いやってもいい、大阪で開催しているワークに参加したら」と進言していただきました。

参加したワークは、何とも心地の良い空間で、これなら継続的に通えると思いました。1度や2度の参加では、その意味が理解できないとも思いました。

以後、現在まで定期的に参加しています。

裁判は、すべて相手の望みどおりに

4年前の8月初旬、裁判所より2ケ月間の自宅退去、6ケ月間の接近禁止の命令が下りました。幸いにも、実家が近所で何とか衣食住に困ることはありませんでしたが、こちらの裁判所への答弁書は、まったく考慮されていないものでした。

その年の12月に、今度は相手側から離婚調停が開始されました。調停員は平等に意見を取り入れるのではなく、最初から「良いほう（DVを受けた被害者）、悪いほう（DVの加害者）」の中から良いほうへの便宜を図るようにしていました。

調停員の第一声は、「相手は離婚を希望している。その中で進めてもらいたい意向だ」とのこと。

何度も、「相手の言い分には申し訳なく思っているが、（レッテル上、DVの加害者である）私だって、（具体的な例を挙げながら、相手からの一方的な）DVも受けていた」と訴えても、まったく聞く耳もなく、相手からの返事は、「すべてあなたが私（妻）を追い詰めて暴力を振るって、どうしようもなく対応した結果」というもので、それを調停員は、鵜呑みにしていました。

「私は、現在DV関連のワークに参加し、自身への理解を勉強している。妻も参加してみては?」と伝えたが、担当弁護士は、「そんなことは、すべてが終わってからで良い」との返答。私からは「これ以上、どうしようもない」という思いでした。

そんなやりとりは翌年の4月まで続きました。まともな話は、離婚までの財産分与の話ぐらいでした。相手側からの一方的な、調停不調と打ち切りになりました。

7月頃から相手側からの裁判が始まりました。それが延々と家裁から最高裁まで続き、昨年の3月にすべて終了しました。

途中から面会交流の案件も追加しましたが、妻の意見も聞かず、裁判所法廷の中のその場で却下の返事をしていました。妻は、弁護士の敷いたレールに乗ったままなのでしょう。すべて相手の望み通りに終了しましたが、何とも後味の悪い結果です。

自分の勝手に決めたルールを手放して、幸せに

元妻には怒られるかもしれませんが、大変幸せな気持ちです。4年近く子どもと元妻にはまったく会えていませんし、慰謝料や財産分与の支払いがありますが、幸せなんです。それは、味沢さんのワークで、たくさんのことを学び得たからだと思います。味沢さんに出会うまでは、感情の表現が歪んでいて、悲しいところで怒るなどしていました。「私は今こんな気持ちだから。あなたはどんな気持ちですか」とまったく言えませんでした。幅の狭い感情で、何も動けない自分が当時いました。

ワークでは自分の感情を大事にし、正確に感情を言葉として表すことを鍛えられたと思います。また、相手をコントロールしようとすることは、自分の思いを相手に押しつける

ことも学びました。相手がこうしたいのであれば、その言葉を受け入れ、自分はこうしたいということを伝え、落としどころを探るコミュニケーション能力の向上にもつながりました。

自分の勝手に決めたルールを手放せるものから順番に手放せたから、現在幸せなんでしょうか。間違いなく、妻が出て行く前の自分と今の自分は違っています。

しかし、これらのことは、私にとってまだまだ発展途上中ですが、今後もワークや他の人の語りから学び続けたいと思います。

私にとってDVとは、社会がつくり出したものと思います。両親がやっていた通りに私がしたまでです。両親もその親を見て育ったと思います。

DVの根絶は、社会全体を動かすことなので非常に難しいと思いますが、私も少しでも減少できるお手伝いはしていきたいと考えています。

味沢さん、今後ともよろしくお願い致します。

体験談⑯

私を救った「ワガママに生きていい」の言葉

ポポ　女性

宇宙を信頼する不思議なおじさん味沢道明さんとの出会いはかれこれ16年前、私が24歳の時でした。当時の私は、うつ病、摂食障害、アルコール依存、ボーダーライン、ＳＥＸ依存で不特定多数と援助交際を続けながら自分を痛めつけ続け、罪悪感と自責一杯の日々。依存なのでやめることもできず、苦しい毎日でした。

光のない暗闇の中を重たい体と心でずっと歩いていました。そんな時に紹介で出会った味沢さんのカウンセリングは大変衝撃でした。

あの時は弟のＤＶ問題で味沢さんのところへ弟と一緒に訪れて、同伴のつもりで味沢さんの話を聞いていたのですが、魂が撃ち抜かれるほどの衝撃で、こんなふうな考えってあるんだ！　こんなふうに思っていいんだ！　目ん玉が飛び出しそうなほどでした。味沢さんの話に心が奪われたのを覚えています。結果、弟ではなく私のほうが味沢さんにカウンセリングをお願いするようになり、定期的に京都へ通うようになりました。

世間ではなく、自分の感覚を一番に

味沢さんと話すと胸がスーッと軽くなったのを覚えています。私が味沢さんの話で大好きなのが、「世間ではなく、自分の湧き上がる感覚や、自分の本音や心から求める願いが何より大切であり、その感覚を一番にしなさい」ということです。

だけど、これを理解するものの、実践するのが大変難しい。なぜなら「自分よりも世間が正しい」とすぐに思い込んでしまうから……。今ならわかるのです。味沢さんの心から伝えてくれていたことが。

「世間なんてどうでもいいよ。バッシングされても、叩かれても、バカにされても大丈夫。あなたの内側から感じる感覚が一番大切。あなたが心から一番大切だと思っていることが、世間よりも何より一番正しい。それ以外は論外！　大学出てなくても問題ない。正社員じゃなくても問題ない。家事も育児もやりたくないあなたで大丈夫！　男と遊びまくってる奔放なあなたでも問題ない！　薬も酒も暴力もやめられないあなたで大丈夫！　男に殴られて傷ついてるあなたでも大丈夫！　世間に合わせる人生なんか生きなくていい！

世間が正しいと思い込むのはやめよう！　正しくないことが実際は多いからそんなのに振り回されないで、足を引っ張られたりせず、あなたの心から願った『私はこれが一番正しいや、好きや、大切だ』と感じたものを信じて、あなたらしい人生を歩んでください」。

そうカウンセリング中に切に願っておられた味沢さん。彼はその人の才能を早くに見つけ、能力を引き出すお手伝いが得意な方だと思います。

今私は、病気から離れて、自分の生きたい人生を私らしく歩んでおります。沖縄の離島でサロンを経営しており、お客様にエステを施し癒しのお手伝いをするセラピストをしております。自分のやりたいスタイルで働き、お金をしっかり稼いで、時々海外にも出かけて好きなことをしながら社会貢献をする。生きにくさを感じる女性たちが輝けるようにサポートさせてもらえ、お手伝いができる自分へと成長し、感謝され、喜んでいただけることが幸せでたまらない。

長い間苦しんでいたかつての自分の経験が、他の誰かの役に立っていることを実感する。「もっとワガママに生きていいんだよー！　迷惑かけたって何の問題もないよ！」。世間に合わせて、自分を殺して病気になることが問題。「あなたらしく生きていいよー」と何十年も伝え続けてくれた味沢さんに心から感謝したい。

体験談⑰

父親、出世、男らしさを手放して

kiyoちゃん　男性

私がメンズカウンセリングや非暴力コミュニケーションに出会うことがなければ、離婚によって、人生に打ちひしがれ、今のようなハッピーライフは送っていなかったことでしょう。今思えば、離婚から学んだことは、自分の人生の大きな宝となって、私の中でとても輝いていきます。

２０１１年６月、家を出て１年あまり音信不通であった元妻から、離婚したい旨を伝える手紙を受け取りました。そして、私は、それまで一度も味わったことない人生のどん底へ落とされたような不安、恐怖に怯え、目の前が真っ暗になりました。それでも仕事に向かうことはやめるべきではないと、自分がおかれた立場から逃げるようにして、職場へ通い、その現状を直視することをできずにいました。それでも、１日の仕事を終えると、頭の中は、離婚、元妻や子どものことで真っ黒に覆われ、誰かに助けを求めることも、自分が抱えている悩みを打ち明けることもできずに、ただただ悶々とした時間をやり過ごしていました。そのような中で意を決して、男悩みのホットラインに電話相談をし、その相談の中で日本家族再生センターの取り組みをご紹介いただき、藁にもすがる思いでメンズカウンセリングの門を叩きました。

この時の私は、一体何で離婚という状態になってしまったのか？　当初は自分のおかれている状況もわからず、簡単に解決できるだろうと高をくくり、安易な気持ちでカウンセリングやワークへ参加を始めました。そして、当時の私は、「家庭の中で起こる喧嘩は仲良しの証だ！」くらいにしか思うこともできず、元妻が抱いた気持ちには寄り添わないばかりか反感すら抱いておりました。

ですが、カウンセリングやグループワークの回数を重ねていくうちに、自分のおかれていた状況が鮮明になり、自分がしていた言動や行動、そのコミュニケーションには、他者を傷つけ、悲しませたり、つらい思いをさせてしまったりすることに心の底から気づくことができました。自分が良かれと思ったことが、他者にとっても良かれとはなることはなく、他者にとって、何が気持ち良いと思われることなのか？　それを初めて考えるきっかけを得ることができたことを覚えています。

対話不全のストレスが、暴力、暴言に……

私は、メンズカウンセリングを学ぶまでは、対人関係、特にコミュニケーションがとても苦手で、誰かに会うこと、出会ってお話をすることは苦痛でストレスで、怖くて避けて逃げて生きてきました。ですから、当時の私を振り返ると、特に女性との対面に際しては、会話をしても自分から壁をつくってしまい、本来の自分をアピールすることもできず、楽しい会話を生み出すこともできませんでした。そんな自分にいつも自己嫌悪感を抱き、モテない自分にストレスが溜まっては酒を飲んだり暴れたり、周囲からはどんどん孤立していったことを覚えています。

今のように冷静にコミュニケーションを分析することもなく、ただ、下を向き、なるべく顔や目線を合わせずに後ろ向きにその時間をやり過ごしていました。きっと余程のモテ自慢じゃない限り、「コミュニケーションが得意で大好き!」という男は私を含めて少ないと思いますが、かく言う私もモテない根暗ムッツリ男でした。

多くの方は、コミュニケーション=会話と、その意味をシンプルに捉えていると思いますが、メンズカウンセリングを学び、人々が使っている話し言葉を詳細に分析をすると、親しい人同士で用いられるコミュニケーション=会話(conversation)と、知らない人同士、価値観が違う人同士の情報交換に用いられるコミュニケーション＝対話（dialogue）とに分けられることを知りました。この会話と対話を区別して、ＴＰＯに応じて使い分けることで、今までお粗末であったコミュニケーションを、複雑で多様なものに発展させることができるようになってきました。

そして、コミュニケーションを円滑に進められるようになったことで壁をつくる必要性もなくなり、対人関係におけるストレスも軽減されました。

当時の私は、交際歴十数年以上の彼女と結婚し、結婚生活は順風満帆だとばかり思っていたのですが、そんな生活は2年ももたずに破綻しました。

では、この原因はどこにあったのでしょうか？　私自身の暴力や暴言がなければ破綻にはならなかったと一般的には考えることはできるのですが、この暴力や暴言の発端となったのは、本当に彼女の態度や言動であったのでしょうか？

破綻の原因を世間の声の中に探ろうとすると、どうしてもスッキリしない答えばかりが浮かびました。どちらかが我慢をすれば収まるものなのか？　痛みを我慢したり、自分の気持ちをどこかに収めたりすればスッキリするのか？　こういった疑問がどんどんと膨らみました。

このような疑問に対して、メンズカウンセリングを受講する中で、コミュニケーション、特に会話や対話はどうであったかを探ることで、私自身は明確な原因を見つけることができました。

十数年の交際期間中は、友人、恋人同士の会話はうまくとれていたが、結婚によって家族となったことで、知っているようで知らなかった彼女との価値観の違いやズレをうまく情報交換ができずに、処理しきれずに、対話不全になったのが原因ではなかったのか？とその原因を考えることができました。

対話不全によって私自身はストレスが溜まり、自分を防衛するために暴力や暴言に至り、彼女を責めて傷つけてしまっていたんだと、初めて気づくことができました。今は冷静に自己分析をすることができますが、これは今だからこそのお話……ほんと今となってはトホホとしか言いようがありませんし、当時の失態には本当に申し訳ないという謝罪の気持ちでいっぱいです。

このような会話や対話の男女間のささいなズレが積み重なることで、家族間では様々なトラブルが発生するように思います。また家族間だけに留まらず、友人や恋人間でも、思うように自分の気持ちを伝えることができずに仲良くできない、孤立してしまうという不安も生まれてしまい、傷つけようと思っていなくても、他者を悲しませたり、つらい思いをさせてしまったりしているコミュニケーションが多いように思います。

負けることで手に入れる自由

非暴力なコミュニケーションを考えると、「いかにうまく楽しく気持ちよく負けることができるか！」ということも特に大切なポイントです。私がここに至るまでに身につけてきたコミュニケーションは、競争社会の中でいかに効率良く自分が強者になり、どんなに比べられても負けることがないコミュニケーションでした。強いて例えるならば、核攻撃にも耐えられるような武器を培おうとしておりました。

今思えば、そんな馬鹿でアホなコミュニケーションなんてある訳ないファンタジー、夢を見せられ、ただただそれを追いかけて、しんどくなって、不健康な生活を送って嘆いていたように思います。

離婚という人生のどん底から、私が這い上がろうとした時、その中で考えたことは、そんなあるようでないような世間のファンタジーにすがることよりも、自分の心から気持ち良くて楽しいと思えるコミュニケーションを今度は身につけていこうということでした。

それがきっかけで人生が再構築いたしました。初めは罪の償いという思いもありましたが、それが今では大きな土台となり、非暴力なコミュニケーションなくしては仕事も暮らしもありません。

世間の常識で考えたならば、勝ち続けることによって得られる自由、お金や名誉や肩書きも、それはうまい報酬や成果でもあります。ですが、こういった自由を得るためには多くの犠牲を払ってきていると言えなくもありません。仲間に対して、非協力的であったり、冷たく冷徹であったり、不必要なライセンス取得のためにどれだけの大切な時間や労力を失ってしまっているか？　勝ち続けることの効率化を図るあまり、意外なドツボにハマり自由や豊かさを手に入れようとして頑張っていることが、逆にすごく自分のポテンシャルを下げてしまっている場合が多いことに気づきました。

勝つばかりではなく負けることでも自由や豊かさは手に入れられるし、むしろそのほうが楽だし、気持ちいいじゃない！　という新しい世界の発見からでした。メンズカウンセリングのプログラムの中では、グルメナイトやメンズクッキングと、その家族の在り方の多様な役割のロールモデルがそこにあり、体験することで、自分自身の中の家族像を再構築することができました。そして、負けることでも楽しい人生を手に入れることもできるし、仲間を得ることもできる。時間や労力も失うことなく自分の暮らしに転化していくことができるようになってきました。世間の当たり前や常識に囚われることから、多くの人が自由を得ることができれば、本当にコミュニケーションは闊達になり暮らしが豊かになるだろうと思います。

家族の安心できる居場所をつくるには

もし、家族間のコミュニケーションがトップダウンで図られ、それに従わなければならないとしたら、会社と同様に、どれだけ家庭が窮屈な場所になってしまうでしょうか？ 私は、今だからこそ、このようなコミュニケーションが成立しないこと、窮屈であることを共感することができますが、数年前までは、何で窮屈なのかと疑問に思ったり、それが当たり前だろうと思ったりしていました。

家族の居場所をどれだけストレスフリーにできるか？ それを考えたならば、トップダウンで図られるコミュニケーションほど暴力的なコミュニケーションはありません。相手の気持ちや想いはまったく聞かないのですから。

家族の居場所をストレスフリーな場所として育んでいくには、パートナーに対して何を伝えるかということではなくて、パートナーの思い描いている安心できる居場所はどんなものであるのかを想像することかもしれません。初めは具体的に色や形は現れてこないかもしれないけれど、それをゆっくり伺って、ひとつ、ふたつと絵を描いていく作業が必要だと思っています。

「トップダウン」ではなくて、「アンダースタンド」で気持ちを聴いていくこと、一つひとつパートナー想いのストーリーを一緒に共感できることが、家族の安心できる居場所をつくる大切な設計図になるように思います。何の設計図ももたずに家を建てれば、地震や天災によって、いつ潰れるかわからない恐怖にも怯えなくてはいけません。また、風雨にもどれだけ耐えられるか？　そんなことを常に心配していなければならないのです。まず、そんな居場所では自分自身も落ち着いていられません。

動物にはテリトリーがあると考えられていますが、動物の一種である人間にも、そのようなテリトリー、心の距離があることはなかなか知られておりません。間合いであったり、バリアであったり、表現方法はいくつかあると思いますが、どんなに親しい間柄でも、ここは見られたくない、隠しておきたいという心の境界はあると思います。

非暴力なコミュニケーションを考えた時、特に大切にしたいのが、この相手のテリトリーを大切に守るために必要以上に境界線を乗り越えようとはしないことです。家族間で隠しごとは御法度であると真面目に考える方もおられると思いますが、誰にでも、人には内緒にしておきたいことはいくつかあるものです。それがパートナーであっても、簡単には伝えられないこともあります。気持ち良く楽しくコミュニケーションを楽しむということを考えたならば、相手が気持ち良くないと言われている事柄や、伝えるのがしんどいと思われる事柄には触れないことが大切です。

メッセージを伝える時も、ついつい出てしまうのは「ｙｏｕメッセージ」です。トレーニングを重ねないと、なかなか「ｉメッセージ」を使いコミュニケーションを図ることは難しいものです。「お前、なんでこんなに帰ってくるのが遅いんだ！」というようなｙｏｕメッセージを簡単に発信できるのに、「何かあったかとすごく心配していたんだけど」というようなｉメッセージを発信することは簡単ではありません。ｙｏｕメッセージでは、相手を非難しているという気持ちが先行して伝わってしまい、とても気持ちの悪いコミュニケーションをとらざるを得ません。この辺りは、グループワークなどを通じてトレーニングを重ねて覚えることは必要ですが、私自身にとっては大切なスキルです。

これまでに私が、メンズカウンセリングの非暴力コミニケーションプログラムを受講することで多くのコミュニケーションスキルを獲得することができたことは言うまでもありません。そして、それまでは不可能であった異性とのコミュニケーションも円滑に育むことができるようになってきました。まだまだ未熟で至らぬ点もあり、ご迷惑を残しつつではありますが、それでも多くの方に支えていただけることに感謝をしてもしきれない思いです。いつもありがとうございます。

私の体験をブログで綴っています。良かったら、ご一読ください。「ｋｉｙｏちゃんのいただきまーす！」
http://j-agri.blogspot.com

体験談⑱

元モラハラ夫の私が、支援者になるまで

メンズカウンセラー　中村カズノリ　男性

私は4年ほど前に味沢さんにつながり、グループワークに参加し脱暴力の道へ。DVやモラハラの被害・加害両方を当事者として体験し、DV加害者プログラムにも通い、離婚も経験し……その後、日本家族再生センターの支援を受けることで回復し……今は再婚し一児の父となり、フリーランスのシステムエンジニアをしながら、これまでの経験を活かすべくメンズカウンセラーとして、支援者としての活動をしています。

そんな私が、当事者である自分の傷を癒やしていく過程や、当事者自身が支援者になることの意義、DVに関わる複数の立場の体験から見えたことなどを皆さんと共有することで、DVという問題に対する世間の意識、多くの当事者が抱える問題を良い方向に変えていく一助になれば幸いです。

それでは、私の当事者体験にどうぞよろしくおつき合いくださいませ。

当事者の加害者性と被害者性の同居を生で体験した幼少期

私は1980年明けてすぐ、北陸の某県で生まれました。父親は会社員で母親は専業主婦、住むのは県内の一軒家という、その字面だけを見ればいわゆる「普通」に見える家庭に生まれたのですが……幼少の頃の記憶で最も強く印象に残っているのは、父親が玄関先で母親に対して「出て行け！」と怒鳴りながら何度も頬を殴っていた記憶です。確か私がほんの2、3歳くらいの頃だったと思います。今で言う「面前DV」と呼ばれるものなのですが、当時の私にはそれがどういうものなのか知るすべもなく「何だかわからないし怖いけど、きっと『どこにでもある、何でもないようなこと』なのだ」と感じていたように思います。自分が生活している以外の家庭のことを知る機会もなかったので無理もないでしょう。

父が母を……だけではなく、当然私も殴られたり言葉で傷つけられるという体験は何度もしています。父からだけでなく、母からもです。親の価値観を押しつけられるというのは日常的にあり、親の気に入らないことがあれば割と簡単に殴られたり罵られたり、否定されたり……というのもよくあることでした。

もちろん、365日・四六時中暴力があったわけではありません。時には平和な団欒もありましたし、心地良い時間もないではなかったです。両親も「悪人」というわけではなく、どこにでもいる「普通の人」なんですよね。ある条件が揃うと「DVの顔」を思いっきり見せてくるというのが問題だったのです。

ですので私は暴力を受けないために、自分を偽り、本来の自分の価値観や考えを心の奥にしまい込むことを覚えていきました。自分の感情・価値観・感じ方を認めてもらえないのはすごくしんどいことでした。自分の考えを自分で良しとすることができず、自己肯定感が育たないまま年齢を重ねることになり、今で言う立派な「アダルトチルドレン（AC）」となってしまいました。

私の育った家庭は父親から母親への暴力があった家庭でありながら、被害者のはずの母親からも私への暴力がありました。今思えば、当事者の加害者性と被害者性の同居について、私は幼少の頃から生で体験していたということになります。

そして、被害者のみであった自分にも、徐々に加害者性がめばえてきたのです。

うまく自身の感情を言葉にできないまま、モヤモヤした気持ちは人であったり物であったりに対する直接的な暴力へと向かうようになりました。家の壁には拳の跡や穴がいくつもできました。学校の勉強も馬鹿馬鹿しくなり、成績もそれなりに上位だったところから一気に落ちました。ですが、これはこれでホッとしたのを覚えています。まるでこれまでの抑圧から逃げるかのようでした。

とは言え、本当に抑圧から逃げ切れるはずもなく、相変わらず両親からは価値観の否定、感情の否定は続きますし、それに対して反撃しても楽にはなれず……いつ誰が敵になるか味方になるかわからない、そんな状況で気の休まる暇もないという、ただしんどい時間が続きました。

つき合う女性、結婚相手にパワーコントロール

23歳で東京の会社に就職し、晴れて実家からも出て1人暮らしをするようになりました。DVの現場からは離れることができたのですが、それですぐに解放されてのびのびと生きられるようになるかというと、もちろんそんなことはありませんでした。

実際、つき合っている女性に対して、威圧的なもの言いをするとか大声をあげるなどはよくあることでした。殴りはしませんでしたが、かつて母親からされたことのひとつ「死ぬ死ぬ詐欺」「別れる別れる詐欺」なんかもしてしまったことがあります。自分がそれをされた時、こんなしんどいことは他の人にはするまいと思っていたにもかかわらず……です。

加害だけではなく、被害を受けることもありました。女性から殴られるということも当然ありましたし、言葉での暴力を受けることもしばしばありました。加害・被害の役どころが不定期に入れ替わるという状況におかれたこともあります。

そんなこんなで、女性と交際してもそれほど長続きすることのなかった自分ですが、28歳の頃に結婚に行き着いたことがありました。

聞けば元妻（過去形なので「元」がつきます）は、過去につき合った相手のほとんどからDVを受けていたとのことで、いろいろなエピソードを聞いてはつらくなり、自分はこんなことを絶対にすまいと誓った記憶があります。

確かに自分は、身体的な暴力は一度もしていなかったのですが、結婚前にも精神的なパワーコントロールは時折してしまっていたと思いますし、パワーコントロールを受けるということもありました。それでも大きな問題にはならず、無事に（?）入籍し、式も挙げることができました。

ところが、結婚式も終わり少し落ち着いた頃、元妻の不倫が発覚するというできごとがありました。なんやかんやあり、元妻のほうにもしんどい事情があったということで不倫については水に流し、また信用を構築しなおしていこうということに落ち着きましたが……不倫されてしまったという悔しさや、また繰り返すかもしれないという不安から逃れるためと、生来のパワーコントローラーとしての人格形成が絡み合い、モラハラと呼ばれる類の攻撃・パワーコントロールが本格的に始まりました。

怒鳴る、物に当たる……殴らないDV

世間一般で「モラハラ」と呼ばれる行為には様々なものがありますが、自分が行った行為とその根底にあったものや動機など、できるだけ書いておこうと思います。

・口をきかなくなる。無視をする

自分が否定された時、相手の態度が悪いと自分が感じた時、喧嘩でこじれそうになった時などに、相手の言葉や態度に対して一切反応をなくすという行動を選択していました。

何か反応することでさらにこじれてしまうのが嫌だったのと、油断をすれば怒鳴ってしまったりすると感じてしまったからです。相手の言葉を完全にシャットアウトすることで自分を保つ努力をしていたように思います。

・大声で怒鳴りつける

それでも自分の感情が抑えきれず、怒鳴りつけるということもたびたびありました。「鶴の一声」とばかりに相手の意見を封じ込めるという方法として、相手を黙らせるために声を荒らげていたように思います。

・物に当たる

パートナーの女性を殴るということはとんでもないことであり、世間からも後ろ指を指される行為であるという認識は強くありました。だけども、自分の感情が「殴ってやりたい」という方向に傾くこともありました。自分の行き場のない感情を叩きつけるかのように、床を叩いたり手元にある物を床や壁などに思いきり投げつけたりということがありました。パートナーの目の前でそれをすることもあれば、1人の時にする……ということもありました。

・価値観や能力の否定

相手のすることや考えることが自分とは違う時に、それは「間違ったこと」であると断じ、教育や説教という意味合いでもって、否定をしていました。

また、自分にできて相手にできないことやスキルなど、そこを責めたことも多くありました。自分としては「至らない相手をしつけ、教育している」という意識があったように思います。

・自分は間違ってない

今思うと怖いのは、その時の自分は完全に間違っていないという態度をとっていたということでしょうか。冷静に考えると突っ込みどころも多いことを言っていたのですが、それを言葉と声と態度の勢いでごり押ししていたように思います。

また「絶対に殴ってはいけない」という意識も強くありました。殴った時点で言葉が説得力をもたなくなる……ですとか、ＤＶ加害者になってしまう……という恐れもありました。

しかしこの「殴っちゃいかん」というのがまた曲者なんですよね。「殴りさえしなければ良い」になってしまいますから。その頃の私のように、生育過程でパワーコントロールを受けて、そのコミュニケーション方法を学習してしまった状態ですと、殴りはしなくとも、それ以上に言葉や態度、知識など様々なコントロールを駆使できてしまうので、殴らない分狡猾な加害者となってしまいやすくなる訳です。

妻の家出から「更生」に向けて

そうして、1年以上に渡り、日常的に先述の加害行為を繰り返していました。そんなある日、自分がお酒に呑まれて家中の物を投げつけ壊し、怒鳴り散らしたということがありました。そして元妻はそのまま家を出て実家に帰ってしまいました。

その後、元妻からは、しばらく実家で暮らすことと、可能ならＤＶ加害者プログラムに行ってほしいという旨の連絡がありました。確かに自分のやっていることは「精神的Ｄ

V」になると思いましたし、何よりそれをどこかで意識し、認められないと感じつつも、こんな行為はやめたいとうっすら思っていました。そんな時に「加害者更生プログラム」というものがあるということは、唯一の希望にも思えました。

そこで早速、元妻から指定のあった、家から電車で行ける範囲のDV加害者プログラムに問い合わせ、参加することとなりました。

プログラムでは、女性のファシリテーターと5〜6人の参加者がいるという空間でした。新規参加者がいる場合は、自己紹介をします。名前と年齢・どんな加害行為をしたか・警察の介入はあったか・現在の状況・アルコール依存があるかなど、紙に書かれたフォーマットに従い、一人ひとり読み上げていくという形でした。中には警察の介入があった方も参加していました。

新規参加者がおらず、自己紹介がない時はそのままグループワークに入ります。まずは「先週の振り返り」と称して、前回のプログラムからその日までにあったことを共有します。ファシリテーターがそれを聞き、それは良くない・良いなどの評価をするという時間でした。この時間は特に重苦しく感じました。参加者の思いについての語りはファシリテーターによってほぼ否定されていたのが大きな理由かもしれません。ファシリテーターは参加者の思いについては知ったことではなく、いかにやったことに対する責任をとるか、反省や、考えの矯正を迫っていたように思います。

ですがもちろん、私を含め参加者のほとんどは、自分の行動を反省し、自分の行為について責任をもち、自分の行動や考え方を変え、暴力を手放したいと願っていましたので、素直に従うことで自分を変える一歩にしようと、ファシリテーターの言うことを受け入れる努力を続けました。

それでも受け入れがたいことというのは参加者それぞれ、様々なことがありました。振り返りにて、パートナーから暴力を受けたという男性参加者に対しては「それはあなたがこれまでDVをしてきたのだから、パートナーからの暴力はあなたがさせたようなものだ」という言葉があり、さすがに他の参加者からも「それはないのではないか」などの反対意見もありましたが、ファシリテーターはそれに対して「あなたたちは何もわかっていない！」と一蹴するという形で論議を切り上げる……という場面がありました。

このような価値観の押しつけは、まさに自分たちがやっていた「モラハラ」に他ならないと感じたのですが、こういうプログラムだから、ファシリテーターもある程度はわざとやっているのではないか、同じようなことを自分もしていたということに気づかせるためではないか……と考えました。

そんな葛藤がありながらも、ファシリテーターに反発する前に自分を変えるのが先だと思った私は、真面目にプログラムに通い、学ぶことに精力を傾けました。

また、別口での夫婦カウンセラーへの相談も定期的にしており、その中で認知行動療法のワークを紹介され、それをこなしたりしつつ、自分の変化に向けて取り組むことも忘れませんでした。

カウンセラーさんからは、元パートナーも一緒に（同席という意味ではなく）カウンセリングを受けられれば、お互いの傷や問題も、少しでも良い方向に向かうのではないかという話があり、元パートナーにもカウンセリングをすすめたところ、受けてみたいという反応があり、それならばと話を進めることができました。

また、「日本家族再生センター」というところがあるという情報を得たのもこの頃でした。DV加害者支援をしているということで、その一風変わった支援の方向やセンターのカウンセラーさんの人柄が気になり、ブログなどを興味深く読ませていただいていたのですが、実際につながるのはもっと後のことになります。

DV加害者プログラムでのトラブルから過呼吸に

元パートナーとカウンセリングを受けることを、加害者プログラムでの振り返りの時間に話したところ、ファシリテーターからは「カウンセリングを受けさせてどうするつもりだ！　何を企んでいる！」という旨を言われました。その数日後、元パートナーはカウンセリングを断ったという連絡がカウンセラーさんから入りました。「カウンセリングより良い方法があるのでそちらを実行します」とのこと。ファシリテーターからのコントロールがあったのではないか……と考えましたが、疑うのも嫌なので、それはそれとして受け入れました。

そして、次の加害者プログラムの回で、とんでもないことが起こりました。

いつものように、先週の振り返りを行い、グループワークに入ろうとした際に参加者皆の前でファシリテーターが、「ちょっと皆に話がある」と一言あり……「中村さんのパートナーは以前、不倫をしたことがあります」と言い放ちました。さらにファシリテーターは、「DVに関係することですから、秘密でも何でも話しますからね。そもそもプログラムを受けるにあたっての約束ごとが書いてある書面にサインされたと思います。そこにはその旨記載されていますから。それにこれはですね、皆で考えるための教材になりますから」とも。

この言葉を聞いて私はものすごくショックを受けました。その後さらに精神不安定になった私は、元パートナーに対してメールで、もうどうにでもなれといった思いで、不倫がいまだに許せないことや、不倫はDVと同じだとファシリテーターが言っていたことなどをぶつけてしまいました。

そして次のプログラムの日に、そろそろ出かけようかと家を出ようとしたところに1通のメールがファシリテーターから届きました。内容は「上記の件につきまして、参加をお断りいたします。以上、よろしくお願いします」という非常に簡素なメールでした。

すぐにファシリテーターに電話をし「これはどういうことですか？」と聞いたところ、「メールに書いてある通りですが？」とのこと。いきなりそう言われても意味がわからず説明をお願いしましたが、「は？ 説明しないとわからないんですかあ？」との答えで話になりません。何度もお願いした結果返ってきた答えは、以前送った、不倫もDVだというメールが「プログラムで得た知識を悪用」したというルール違反になるとのことでした。

こうして私は、DV加害者プログラムにこれ以上通えなくなってしまいました。その電話の直後、私は極度の不安や怒りなどの感情に襲われて、過呼吸の発作を起こしてしまいました。

人生を変えた電話と、前向きに終われた離婚調停

DV加害者プログラムのファシリテーターとの電話を終え、パニック状態になってしまった私は何をしていいかもわからず、途方に暮れました。そんな時にふと思い出したのが、

以前ネットで見つけていつか連絡してみようかな、と思っていた「日本家族再生センター」のことでした。

センターの味沢さんへはすぐに電話がつながりましたが、自分はまだ過呼吸状態でうまくしゃべることもできず、最初はただハァハァ言っているだけでした。

そんな様子でも、電話を受けてくださった味沢さんは、自分が落ち着くまでずっと待ってくださいました。1〜2分ほど取り乱した後、落ち着いて今の状況を少しずつ話すことができました。

いろいろと話していく中で自分も落ち着きを取り戻していき、今の状況に対する自分の気持ちも話せたと思います。その時は何よりも、加害者プログラムであったこと、皆の前でパートナーの不倫を暴露されたこと、あまりに簡素なメールで参加停止を言い渡されたことなどを味沢さんが共感をもって聞いてくださったことですごく落ち着けたし、気も楽になりました。

その後、あらためて電話カウンセリングの予約をし、緊急電話を終えました。今思うと、この時に味沢さんに電話したことがその後の人生を変えたのだなと、大げさではなく思います。

自分がＤＶ加害者プログラムの参加をやめ、半月ほど経った頃に、弁護士からの郵便と調停への呼び出し書類が届きました。すでに味沢さんのカウンセリングを受けていた身としては、大きく取り乱すこともなく、落ち着いて受け取ることができたかと思います。

2回目の調停で自分は元パートナーに謝罪の手紙を渡し、そして離婚を受け入れました。驚くほどあっさりと手続きが終わりました。慰謝料なども ゼロ、自分がお金で支払ったのは別居中の婚姻費用くらいのもので、合計しても月の給料にも満たない額でした。ああ、こんなものか……と思いました。

最後に、元パートナーの顔を見る機会があったのですが、傷を癒して、幸せになってくれたらな、と思いました。

手続きがすべて終わり調停の帰り道、電話で味沢さんに離婚したことを報告すると「おめでとう！　これから新しい人生だね」という言葉をかけてもらい、「ああ、確かに考えようによってはそういうことになるよな」と妙に納得し、前向きになれたような気がしました。

押しつけられるのではなく、自ら気づくことで

離婚と前後して、センターで主催している「脱暴力ワーク」へ参加するようになりました。自分は初めて参加するにあたり、以前のプログラムでの体験を思い出してしまい、す

ごく委縮していましたが、その必要はまったくありませんでした。

グループワークの最中に平気で下ネタまで飛び出してきます。さすがにこれには驚きましたが（笑）、そういう話が嫌な人がいれば、もちろんそんな話題にはならないのはお見事だなと思いました。

そんな、一見おちゃらけたという見方もされそうな場ですが、グループワークの内容はすごく納得のできるものでした。参加者それぞれの思いが尊重された場で、DV加害者プログラムでは激しく糾弾されるような加害エピソード（「パートナーを殴ってしまった」など）を語ったとしても「そうしたかった気持ちはわかる、しんどかったね」という言葉でもってまずは共感をもらえました。もちろん、その後には「（加害行為をせずに）他の行動をしても良かったよね。気持ちの伝え方は他にもたくさんあるので、それを学んでいってほしい」という話があり、実際のグループワークでも、そういった心地良いコミュニケーションを学べます。

また、このグループワークの特筆すべき点としては「男女が同時に参加する」という点でしょうか。DV加害男性も加害女性も、被害男性も被害女性も、そしてそれぞれの小さな子どもも一緒に同じ内容のグループワークに参加しているというのが大きな特徴でした。

加害者と被害者を一緒に参加させるなんて、危険はないのだろうかと当初は勝手に心配もしていたのですが、実際のグループワークではまったく危険などではなく、それぞれ加害者の思いと被害者の思いを安全に語り合える場となっているのが驚きでした。

もちろん、カップルで参加される方も多く、問題の渦中にいる人も他の当事者とコミュニケーションすることで、お互いに自分の問題に向き合えたり、対等なコミュニケーションのためのスキルを獲得されていくのが良くわかりました。

またこの場では、加害者も被害者も、男性も女性も、一律「当事者」として皆がフラットに話すことができるのではないかと思えました。以前のDV加害者プログラムでは考えられない状況で、自分にとってはものすごく大事な場になりました。当事者同士で思いを共有することで自分自身を無理なく変えていく、本当に大事で貴重な場であったと言えます。

グループワークの内容自体も、加害行為を責められるようなものではなく、主に「自分の思いや感情、価値観について」を語るワークが中心でした。それを複数の人と共有することで、自分の価値観は人と違うこともあることや、自分の感情を語り、人の語りを聞き共有するいう、気持ちの良いコミュニケーションの方法などを、ファシリテーターからの押しつけではない方法で、自ら気づいていくというプロセスでもって、本当に多くを学ぶことができたと思います。

価値観を変えるのは容易ではないけれど

自分を変えていくために参加しているグループワークですが、1、2回ではすぐに効果が出てくるものではないとは思います。

DVとは価値観の押しつけであり、その押しつけが発生する心のメカニズムは、それまで生きてきた中で触れてきた価値観によって、身体にしみついているので、それを変えるのは容易ではありませんし、今でも価値観の押しつけに近い言動はふとした拍子に出かかってしまい、ヒヤッとしてしまうこともあります。そんな心の動きの癖というものに自分で気づいていくというのが何より難しいし、大事なことでもあります。

スポーツや武道なんかには、見た目も綺麗で安全な体の動かし方やフォーム・型なんてものがありますが、そういった「型」を間違えて覚えてしまった状態では、なかなか思うようには動けません。考え方やコミュニケーションなんかも同じで、一度型を間違えて覚えてしまったものを変えていくには、継続はもちろんですが、しんどさを感じない「型」を間近で見ながら自分もそれに合わせていくという作業が必要になるかと思います。

グループワークには今も毎月通っていますが、続けて参加し、少しずつ心を委ねて、傷つけない・傷つかないコミュニケーションに慣れていくことで自分自身も変わっていくという実感が回を重ねるごとに強まっています。

また、いつの間にかグループワークの外での人間関係では、相談を受けることが多くなりました。味沢さんのグループワークで学んだことを活かして、相談してくれる友人に共感しつつ、いろんなことを伝え、楽になっていくという流れができていたような気がします。

その頃から、自分と同じようなしんどさを抱えた人が楽になれれば、そのお手伝いができるようになれば良いなと考えるようになり、次の1年はグループワークにも参加しつつ、今度は支援者としての勉強を始めました。

これも味沢さんが主宰している「メンズカウンセリング養成講座」に1年参加し、支援者としての心構えやカウンセリングのロールプレイ実習等を学んでいき、2016年に晴れて「メンズカウンセラー」として認証されることとなりました。

支援をすることで自分自身も癒される

それから2年……2018年現在では、DV当事者や生きづらさを抱える人のカウンセリングを請けたり、東京での脱暴力グループワークに時々ファシリテーターとして参加しています。自分のこれまでの体験が、しんどい思いを抱えた当事者の助けになれば、という思いで務めさせていただいています。

当事者が支援者になることは傍から見れば怪しい・怖いと映ることもあるかもしれません。支援者と名乗ってはいますが、自分自身は当事者でもあります。しかしそこはクライアントと同じ目線で語るには大事なことであり、忘れてはいけないことだと思います。それを忘れては支援などできないと考えています。

過去の自分と同じようなしんどさ・つらさを味わっているクライアントに対しては、私は自分の過去と今の自分をさらけ出して、上から教育・アドバイスするのではなく、クライアントと同じ「当事者」としての目線で向き合っていければと思っています。

そしてそうすることが、過去の自分を癒すことにもつながるのではないかと考えています。クライアントを癒すことで自分自身も癒される……そんなＷｉｎ‐Ｗｉｎの関係がつくれたらそれは素敵なことなのではないか、と思っています。もちろん、それには自分の過去の問題がある程度以上消化されており、自分自身も自己を受容できている必要があるかとは思いますが。

社会にはＤＶの加害被害・家族問題の他にも、会社でのパワハラだの、いろんな場面での人間関係、コミュニケーションにおける、本当に多くのつらさ・しんどさが散らばっています。そんな痛みに向き合い、自分の手の届く範囲ではありますが、焦らずかつ怠らず、学び合い癒し合い、問題を抱えた人が１人でも多く幸せになれたら、と願わずにはいられません。

私は一昨年、縁あって知り合った女性と再婚しまして、２０１８年３月現在で５ケ月になる子と共に暮らしております。今は言葉も使わない子はただただ可愛いと感じるばかりですが、子がいずれ成長し、言葉で自分を表現し出した時、そしてその言葉や価値観が自分のものとずれていた時、自分がそれをその子の価値観として受け止めることができれば、自分の経験は無駄ではなかったと真に実感できるのかもしれません。

暴力は連鎖すると言いますが、その連鎖を断ち切り、今度は真に対等な相互コミュニケーションの連鎖をつくることができれば、と願っております。これを読んでくださった皆様も心地の良いコミュニケーションの中で幸せになっていただければ、それは私にとってもすごく幸せなことなのだと思います。

Ⅲ章

当事者にやさしくない女性支援

——メンズカウンセリング講座の語りから

「傷つけない支援」を学ぶ

この章では、日本家族再生センターの支援の要である「メンズカウンセリング」の援助論のノウハウを知り、援助に携わりたい人に向けて開催されている「メンズカウンセリング講座」（主催／メンズカウンセリング協会）の模様をお届けします。

2017年メンズカウンセリング講座第2回
テーマ「女性に対するサポート」

参加者
講師
味沢道明
男性当事者
ヤマグチ
kiyoちゃん
海野 青
女性当事者
KUROKO

離婚しても問題は解決しない

味沢　今日のテーマは「女性に対するサポート」についてです。私は女性支援もずっとやっていますが、現場で当事者の女性といろんな話をして何がわかったか？　そこらへんを皆さんにお伝えできればいいかなと思っています。

まず、DV防止法について簡単に説明すると、これはDVがあったら女性を保護して逃すという仕組みで、逃している間にその加害男性から離婚させやすくするというようなものです。相談支援やシェルターの提供に行政が乗り出し、警察もそこに乗っかって、そのための予算がおりるという構造になっています。

だけどそんな支援では、結局問題の本質である「加害者をどうするか？」という視点には至れません。被害者の保護が優先という名目で、支援がずっと続けられていますが、それは「女は弱い存在で保護が必要、男は差別する加害者なんだ」という思い込みがあり、マクロとミクロをごちゃ混ぜにしちゃっているから。マクロとは社会の男女差別で、ミクロとは個別の男と女の関係。ミクロに見れば女性にもやっぱり加害者性があるし、男性にも被害者性がある。内閣府「男女間における暴力に関する調査」（平成26年度）の統計を見れば、家庭内暴力は3・4対2・4の男女比でパートナーに加害行為をしているという事実があります。

この事実が知らされていないのはなぜかというと、今の支援が女性を被害者としてパートナーから分離することでお金が動いているから。弁護士も、他の相談先も、男性の支援をしてもお金にならないんですね。行政からお金がおりなければ、誰も手を出さない。そんな訳で男の問題はほったらかしにされ、男は加害者だと言われ続けてきました。

女性側も多くの人たちは自分に加害者性があることをわかっているけど、それを話すと支援を受けられなくなるから言い出せない。今の女性支援は「DV男から離れて離婚すれば、問題は解決する」というやり方だけど、そんな乱暴な方法では本当の意味で解決はしないし、女性も救われません。子どもにも問題が連鎖してしまう。これが多くの女性の話を聞いてわかる「女性に対するサポート」の現状です。

ヤマグチ 私の場合は妻がシェルターに入り、行政が描いたストーリー通りに離婚に至ったんですけど、渦中の時もその後もそうですが、女性の精神的なケアをするところが極端に少ないように感じています。いくつか女性支援をやっているところはありますが、5年後、10年後のことを考えたケアができていない。

女性支援の本のサブタイトルに「あなたは悪くない」っていうのがありましたが、支援する側も本当に被害者側である女性は悪くないとほとんどの人が思っているんじゃないかと思います。

味沢 「あなたは悪くない」って言ってもらったほうが女性も楽じゃないですか。だけど、そうすると自分の問題に蓋をしちゃうので、結局、相手への恨みつらみだけで生きていくことになる。それでは、問題は解決しないですよね。

加害・被害の見方が変わる時

ヤマグチ　女性支援をやっているところで「あなたにも問題がありますよ」と言うと、女性が通ってこなくなるというのも聞きました。

味沢　日本家族再生センター（以下、センター）では、女性のグループワークもやっていますが、そこで「あなたたちにも問題あるよ」って言っても彼女たちが納得しているのは、多分楽になるからだと思うんですよね。「楽になるためにはこうしたほうがいいよ」ってメッセージを出すので、普通の支援とはスタンスが違う。

加害者に対してのアプローチも同じ。いわゆる更生プログラムの場合、「自分に問題があるから、自分を変えなくちゃ」となるから、それだと楽になっていいとは思えないですよね。むしろ、楽になってはいけないんだと思ってしまう。

ヤマグチ　そうですね。更生プログラムはやっぱり罪悪感が残ります。ずっと抱えたままになります。

味沢　私のところの女性ワークは、加害者も来るじゃないですか。そうすると、被害者だと思っていた女性が自分も加害者だってことに気づくし、加害者だと思っている人も被害者だってことがわかってくるので、加害・被害の見方が随分変わってくるような気がします。すると、なんだか楽になっていく。これは男性ワークでも同じです。

当事者のニーズに合っていない、今の支援

kiyoちゃん　僕が思うのは、今の女性支援って、女性自身が実際に抱えている課題と向き合っていないんじゃないかということです。女性支援を受けて傷ついた方の話を聞くと、女性の抱えている課題と、僕らが思っていること＝行政や研究者などからの情報や報告には、だいぶギャップがあると感じます。

僕が印象に残っているのは、「女性は女性らしく生きなければならない」という刷り込みがあって、夫婦関係でこじれた女性が女性支援の相談に行ったら「あなたがもっと女性らしかったら、こんなことにはなっていないでしょ」というようなことを言われて、支援を受けるのがしんどかったという話です。すると女性支援は、本当に女性が求めているニーズに対しては全然フォーカスしていないいんじゃないかなと感じますね。

行政のやっている女性支援だと、DV＝危険だから別れなさいみたいな、そこに結論をもっていくようになっているけど、女性のほうはそこで急に離婚を切り出されても混乱しますよね。女性がこれから生きていく中で、離婚ではない選択をする方法もあるんだから、それに対してどういった支援をしていくか？　具体的なプログラムをつくっていく必要性があるんじゃないかと思います。

味沢　離婚を選択するにしても、本当はもめたくないし、離婚後の生活の安定とか子どものこととか、いろいろ課題はあるじゃないですか。そこをうまくやりたくても、それを支援できるところが

ないから、とりあえず戦う方向に動いてしまう。
そうすると、結局ドロドロになって、ドロドロになったのは相手のせいだ！　みたいになって、不信感が生まれる。離婚するかしないかだけで争うと、問題の本質に行き着かないんですよね。加害者も被害者も。

kiyoちゃん　しかも、支援を受けると、こうしなさいとかああしなさいと言われて全然自己決定させてもらえないとか、すごく自由が奪われているなというのも感じます。
今の世の中は、何でも「短期的に結果を出しなさい」という動きがすごく強いと思うんですけど、行政にしても同じなんですよね。だから、すぐ離婚という話に行き着くのかなと思うんですけど。だけど支援者として家族問題を扱う場合は、短期的ではなく、長期的な視点、20年、30年先を見据えて、関係性を構築しておいたほうがいい、もしくは関係性を悪くしないほうがいいよねっていうところに行き着くことが大事だと思います。「今」を生きていると、そういう視点は欠けてくるのですが。

課題を回避するためには、いろんな選択肢がある

味沢　現在〜未来の時間軸があったら、その都度、目の前に課題ができるわけですよ。これを何とかしなくちゃいけないと皆さん格闘するんだけど、課題を回避するためにはいろんな選択肢がある。

そして、その課題を乗り越えた先にも、またいろんな課題がある。最終的にここに来れて良かったよねっていうことが、当事者がわかるのは10年先の話です。だから私は、相談に来る人の10年先を「妄想」しているんですよ。いろんなプランがあり得るよねって妄想して現在がある訳。

「支援」っていうのは本当に多様性があって、その人の人生のドラマがあるので、それをいかにこちらが楽しむかという視点で見ると、ついつい目の前のしんどい人を見てニヤニヤしてしまう。まあ、こちらは将来が見えるのでニヤニヤしてしまうんですけど（苦笑）。

そういうふうに将来のプランが思い描けない人は、目の前の問題に巻き込まれて「大変だ、大変だ！」と言って問題をこじらせちゃうんですよね。そこは一般的な支援と私がやっている支援と、随分違うところだと思います。支援する時に、目先の問題なのか、その人の人生の問題なのかっていう視点は大事ですよね。

じゃあ、どういうものが女性支援に必要かというと、「カウンセリング」ということにちらっとでも関わると、「傾聴と受容・共感の姿勢」を皆さんあげます。でも、カウンセリングをする時、クライアントの話す内容とカウンセラーの価値観が違う場合、当然不一致が起こります。

例えば女性が「私はあのＤＶ男と別れられないんです」って言った時、カウンセラーは別れたほうがいいと思っている。でもクライアントは離婚したくないって言っている。そこの不一致をどうするかって考えた時に、「自分は賢い」「自分は間違いないんだ」って思っているカウンセラーは、クライアントの価値観、行動、言動が間違っていると見てしまう。すると、クライアントをコントロールしたくなってしまう。ここに本当の意味での傾聴はないし、受容もないし、共感もなくなります。

やっぱり「受容」とか「共感」とか言うのであれば、クライアントの価値観と自分の価値観の違いの溝をどうやって埋めて理解し合うのか、対話がいると思うんですよね。そのためには何が必要かと言ったら、やっぱり「コントロールしない」「クライアントから学ぶ」っていう姿勢が不可欠だと思うんです。「専門家」は、自分のことを偉いと思っているのでコントロール癖が出るんだろうなと思います。

援助する人が自分の価値観をしっかりもつのは大事だけど、それに縛られていたらいけない。殺人だろうが強姦だろうが、それを善悪だけで見ちゃダメだと思うけどね。クライアントの様々な言動に対して本当に共感しようと思ったら、自己信頼やいろんな知識が必要にもなりますが。

私の場合、その知識がどこから来ているかといったら、もちろん自分の人生経験もあるけれど、クライアントの語りの中からいろいろ学ばせてもらっていると思います。それは、ありがたいことですね。上から教えてやろうなんて思っていたら、クライアントから学ぶことはできません。

必要なのは、恐怖から解放されること

海野　私が勤める会社の女性たちは、「もし（夫と）もめたら、別れてお金取ったらええねん」と口

を揃えて言うんです。「男を痛めつけてお金を取って逃げる」そういう風潮になっているのが悲しいなあと思うんですが……。

味沢 マクロの構造では男は加害者でしかあり得ないみたいに言われちゃうので、男性の被害者性とか女性の加害者性についてはあまり表に出てこないですね。

女性もしばしば加害者であり被害者でありますが、不安をもっている人が結構多いです。不安や恐怖に囚われていると、自分で考えて決断していくことができないので、誰かに助けてもらわないといけない。

それで援助者の言いなりになっていると、自己決定できないから自分で責任をとることもしないし、いつまでも誰かの支援やコントロールを受け入れることになってしまいます。カウンセラーの手を離れたら、今度は弁護士のコントロールを受け入れ、離婚したらまた別のＤＶ男と一緒になってしまうとか、そういうことが起こる訳です。

本当に当事者の女性にとって必要なのは、対人不安とか夫への恐怖、そういう感情から解放されることです。それで自分はこういう問題を抱えているんだということに気づいて、それを相手とシェアしながら人間関係をつくっていけるかどうか？　そこらへんが大事なことなんです。

では、恐怖心を取り除くためには何が必要かというと、ＤＶ男がどういう人か現実を伝える場がいるんですよね。女性が男性と話をして、男ってこうなんだとか私も案外傷つけているんだとか、そういうことがわかってくると恐怖の対象ではなくなる。かわいいとすら思えてきます（笑）。

「自分の問題」に、気づくとき

ヤマグチ　世間では被害者側には問題がまったくないようにしてしまうので、本質が見えづらいし、問題が可視化できない状態にあると思うんです。被害者側の問題を本人にどうやって気づかせるかというのは、すごくハードルが高いなと思います。

味沢　それぞれ自分の問題に気づくには、生育の問題はありますね。夫婦の問題が、あなたの父親との関係とリンクしていない？　子どもしうまくいっていないけど、あなたの母親とやっていることは同じじゃない？　そういうことを話すと、自分の生育の問題が今のパートナーや親子の間に現れていることに気づく。

それが問題だとなったら、じゃあ、実は自分はどういう生活をしたいのかという話になって、それに気づき出したらＯＫです。本当は、自分の人生には今とは違うものがあったかもしれないのに、それに気づかずに蓋をしてきた。それが今現れていることなんだから、問題が表面化して良かったねって、そういう話になっていきます。

援助者はクライアントの〝共犯者〟になる

ヤマグチ　それは、問題を自分で認識するための方法でもある訳ですね。

味沢　そうだけど、目先の現象に対する善悪というかジャッジにはあまりこだわらないほうがいい気がしますね。「DVを手放せ」とか「アルコールはやめろ」なんて言ったところで、本人はやめられないんだから。やめられないことを言ったところで、それは援助者の自己満足にしか過ぎない。そういう意味では、援助者はクライアントの〝共犯者〟になったら面白いかな？

「殺したい」と言っている人にしてみれば、「あかんでー」って言われるのではなく、「そりゃ、殺したくなるわな」って言われたらまったく受ける印象が違うじゃない？　「殺したいよな。でもよく辛抱したよね。どうやって辛抱したの？」って聞いたら、こうやって我慢しましたって話してくれて、「おお、すごいな」って。

ヤマグチ　そこまで言えるには、クライアントと会ったところからの時間軸だとか、信頼関係ができているかというのも重要なんじゃないかなって思います。

味沢　それは実際カウンセリングの場ですごく大事なことなんだけど、インテークのところ、つまり相談にきた人から話を聞く最初の段階で、どう相手の魂を掴むかというところはありますね。その時、こちらが防衛に入っていると掴めません。ですから、こちらがある意味相手に弱みを握らせるというか、バカなことをしゃべるんですよ。

そうすると「このおっさん、アホちゃうか？」と思って、相手は優位に立つ訳です。そうやって、「まあ大丈夫だよ。あんたより俺のほうがバカだから」って言っておくと、相手は防衛を解いてくれる。防衛を解いてくれると、こちらの言うことを受け入れてくれるかな。

だけど、考えてみたらそれは怖いことですよね。自分の弱みを相手に、しかも訳のわからない相手に預けるなんて。多分、私がそれをできるのは、社会的なポジションがないからだと思います。

コミュニケーションスキルをアップする実践の場

味沢　カウンセラーには、クライアントを傷つけず、パートナーやその他いろんな人の攻撃から守るという「安心・安全の確保」が必要ですが、同時に「本当は怖くないんだよ」というメッセージも伝えています。「安心・安全の確保」をしながら恐怖心を取り除き、スキルアップしてもらう。女性が恐怖心を乗り越えて、ＤＶ男と対等に渡り合う、話し合う、そういう勇気とかコミュニケーションスキルができて、自分の恐怖心をちゃんと伝えられる、自分の怒りをちゃんと伝えられる、そういうスキルアップを図ります。その実践の場が、グルメナイトであるんです。

ｋｉｙｏちゃんは、グルメナイト（以下、グルナイ）にずっと来てくれているけど、もう長いですよね。家族の問題で女性との関係で傷ついた男性は、女性に何か言われるんじゃないかと思って怖い。そういう人が多いんです。だからグルナイに行くと、怖い女がわあわあ攻めるんだって言って恐れおののいて来なくなる人もいるけど、ｋｉｙｏちゃんの場合はずっと来てくれているじゃないですか。自分の中にある恐怖心とか、逆に怒りだとか、女性と対話する中でどう変化していったのかっていうのを、聞いてみたいです。

kiyoちゃん　今でも恐怖心はありますよ。それはなくなることはありません。ただそれが自分の中で心地良くなった、心地良い刺激になっているっていうのはありますね。

自分は殺されるんじゃないかみたいなレベルだった恐怖心が、このぐらいのムチ打ちだったら気持ちええわっていうふうに変わったということですよ。それは経験から言えることなんで、打たれないとわからないですが。

味沢　ビシッと打たれて、ちょっと気持ちがいいっていうのはあるじゃないですか。だけど恐怖心が大きくて、それでビシビシと打たれたら、自分の人格が壊れてしまいそうな恐怖を味わいますよね。それは恐怖心であって痛みとは違う。痛みを喜べるようになれればいいんだけど、それにはビシビシとしてくれる人が必要なんですよね。

kiyoちゃん　グルナイは、いわば恐怖心がゼロでは楽しめないんですよ。恐怖心があるからこそ打たれた時に快感になる。そこが気づいた点ではありますね。ただ、そういう思考回路が自分の中で認知できていないと、暴力に暴力で返せばいいみたいな思考がすぐ出てきちゃうんで、それをリセットするという訳ではないですが、そういうトレーニングの一環としても行っていました。

そういう意味では良かったんですけど、グルナイに来られている女性って世の中の女性よりもそのへんはかなりスキルアップされているので、卓越している（笑）。その分、男性を見る目があるので、「kiyoちゃんだったらこのぐらいまでいけるだろ」っていうのがあります。だから僕のほうも信頼して任せる、そういうふうに思っています。そういうことは、社会で学ぶのはなかなか難しいですけれど。

何が出てくるかわからないところで鍛えたら、現場で使える

味沢　加害者の立場でもそうだけど、特に被害者にとって、恐怖心を取り除く、自分が攻撃されるんじゃないかという思いから解放されていくというのはすごく大事なことで、そこは頭（思考）の問題ではなくて情動の部分なので、実践していかないとなかなかできないことなんですよ。現場でワアワア言って慣れていくと、「なんだ怖くないな」ってわかってくるんですよね。

kiyoちゃん　グルナイは、ワークと違って時間無制限。ワークはある意味ボクシングの1ラウンド3分みたいな状態なので、終わりの時間になったらその関係性は切れますけど、グルナイになると相手が倒れるまで時間無制限状態なんで、それこそリングを出て場外乱闘になる可能性もあるんですよ。そのへんは、危険もあるけど楽しみもある（笑）。

でもそのぐらい語り合うと、自分の肥やしになるんですよね。「あの時こんなこと言われたな」とかいうのは、かなり情動の中に残るので、「ああ、次にこういうふうにやったら、もうちょっと楽しくできるんじゃないかな」とか、そういうのを考えるきっかけにすごくなります。

男性側から見る女性の嫌な点は、話をくり返すことじゃないですか。毎度毎度、同じことをくり返す。それをグルナイはやるんですよ。「また、嫌な話をし始めたなあ！」みたいな（苦笑）。だか

らそのへんは、ワークと大きく違いますよね。ワークは（前回までの）もち越しはないですから。グルナイはもち越しＯＫなんで、その後どうなるのか、何が出てくるのか、というのが楽しみではありますけど、怖いですよね。

味沢　いろんな人が関わって、しかも酒を飲んでいるから、何が出てくるかわからない。でも、何が出てくるかわからないところで鍛えられたら、現場で使える。それはあるような気がしますね。

集まった人が人生を語ることで

味沢　そうやって実践の場で鍛えながら、対人スキルやコミュニケーションスキルを、被害者も加害者もアップしていく。そうすると、少々何かあっても自分は動じないとか、ちゃんとアサーティブに言えるとか、逃避しないで自分と向き合えるとか、そういうことができるようになるので、本質的な解決に向かいます。

でも、ＤＶの加害者と被害者が酒を飲みながら一緒にワイワイ話をしている、そういう支援は世間ではあり得ないですからね。

ｋｉｙｏちゃん　グルナイ以外でも、センターでやっていることは生きることの楽しさも学べるというか、そういう基本的なところを学べるような気がするんですよね。そういった支援は、行政では少ない。何かレールを敷かれた人生があって、そこからはみ出したものは生きる値打ちもないみたいな感じがあって、だからまたレールの上に乗っかれるようになることをしようとするのでは、面白くないと思うんです。

やっぱりそうじゃなくて、「どうせレールから外れたんだから、外れたまま楽しもうぜ」という考え方がセンターでは学べるので、それが逆に自分らしい生き方かもしれないっていうところにたどり着ける。それが後ろ盾になって、一歩進もうかということになるのかなって思うんですけれど。

味沢　カウンセリング、グループワーク、それからグルナイ。いろんな人が集まってきて、当事者が自分の人生をそこで語ってくれるのが、面白いですよね。

特にグルナイは枠を設けていないので、実際何が起こっているのか私もわからない。オーダーの入った料理を作ってばかりいるから。でも、多分参加した人同士でそこそこうまく、新しい方が来てもまあそんなひどいことにはならずに回してくれているんじゃないかなと思いますね。そういう意味ではグルナイも、みんながつくってくれているなあと思います。グループワークもそうですけど。

離婚＝子どもがかわいそうではない

味沢　それと、センターの役割としては、ひとり親の養育支援もしています。特にシングルマザーは、子育ては自分の責任だと思い込んでいるし、世間も「自分で離婚を選んだんだから、お父さんの分もあなた1人でしなくちゃいけないのよ。頑張らなくちゃならないのよ。仕事もしなくちゃいけないのよ」と言うから、社会に過度な責任を負わされていますよね。そういう恨みつらみを別れた夫にぶつけるとか、逆に言うことを聞かない子どもにぶつけて問題が起こるとか、そういう人が多い。

そうではなく、「できないならできないで、子育てもいいかげんにしたら?」というふうに、私からはできるだけ言うようにしています。「あなたがしんどいのはあなただけの責任じゃないし、手放したほうがいいと思うよ」って。

シングルマザーの家庭は、子どもに対する男性モデル・父親モデルがないけど、グルナイなんかに来たら、いろいろなモデルがいる。子どもたちはお父さん以外の変なおっちゃんとも関わりながら父親モデルを獲得していけるから、それで問題はほとんどないような気がします。世間で言うところの、離婚したらかわいそうだとか不幸だとか、そんなことにはならないですね。

離婚=かわいそうではなく、男性モデルがいない、家族モデルを得られないことが不幸であって、離婚しなくても、いつも親が暴力を振るっているとか、家に父親がいないとか、そういうことのほうがより不幸だと私は思いますけどね。

だから逆に言えば、子どもに会えないお父さんは、お父さんに会えない子どもと関係をつくってほしいなあと思います。その子が大きくなった時に、自分は本当のお父さんに会えなかったけれど、自分を大事にしてくれたおっちゃんがたくさんいて、それがお父さん代わりだって思ったら、その子の人生は貧しいものにはならないと思うんで。

男であれ女であれ、問題が起こった時、自分の人生を豊かにするいいきっかけなんだと思ってくれればいいんだけど、この問題によって自分の人生はダメになったみたいに思う人が非常に多いですね。そこはセラピーで何とかしてあげたい、何とかして楽になってもらいたいと思うんですけど、でもそのためにはセラピスト自身がいろんな価値観から自由でなければならないし、いろんなスキルをもっていないといけないから、メンズカウンセリングのやり方は非常に難しい支援をしているということはわかっています。

でもこの支援をいろんな人に伝えたいし、みんなが幸せになれるようにしてほしいなと思います。

女性当事者の心のサポートができるように

kiyoちゃん　女性支援を含め自立支援は手軽に受けられるような体制づくりは大切だと思うんですけど、その時、支援者はあくまで伴走者なので、主人公にはなれないと思うんです。今の行政の支援を見ていると、支援する側が「私たちが主人公ですよ」っていう感じがすごくするので、そこは変えていくべきだと思います。
自立しようとする時、伴走者というか、誰か助けてくれる人がいないとなかなか難しいですが、支援する人がいろんな選択肢を提示できれば、課題を抱えている方の視野が広がって、もしかしたらこういう方法もあるかもしれない、これだったらできるかもしれない、というかたちで一歩前に踏み出す力にはなると思います。そういった支援は、今後、今以上に大事になってくると思います。

ヤマグチ　はい、現状の支援の問題点ということでは、特に行政に関しては「正論」というところだと思うんです。「正論」を隠れみのにして、支援をしていない。それが金を搾取するシステムになっているんじゃないかというのは、あらためて感じました。

支援のあり方に関しては、大枠でいくと男性と女性ではまだまだ社会的な役割分担が違うということと、例えば子どもを引き取って育てるにしても、女性と男性とではまた状況が違っているところがあると思います。女性支援を行う場合、そのへんの精神的なケアも加味していかないといけないのかなと思いましたね。

味沢　そうですね。被害者であれ加害者であれ、女性当事者の本当の意味での心のサポートが必要ですね。

なぜここに至っているか気づかないままでは

味沢　ここからは、女性の当事者も交えてお話を続けます。

何度も言うように、一般的な被害者支援っていうと、男が悪いんだ、あなた（女性）は悪くないんだっていうことだけを教えられます。すると女性側は、「私は悪くないのに幸せになれないのはどうして？　それは相手が悪いからだ」ってなっちゃう。

ＫＵＲＯＫＯ　私は女性支援を受けていましたが、その時「自分がどう生きたいかを実現させるのはあなた自身です。あなたの選択を尊重します。ここから、頑張りましょう！」と言われて戸惑いました。自分がどうしていいかわからなくて来ているのに、って。モラハラ含め、ＤＶ被害者って言われる人たちは、そういう人が多いと思う。「あなたが悪いわけじゃない」とか「人に頼っていいんだよ」とか言われても、それすらわかっていない。

そういうところにいる人に、自分がどうしたいかなんて言われてもわからないし、わからないことで「だからダメなのよ」って言われているように感じてしまう。援助者が言っていることは正しいんだけど、その間のプロセスを抜きにして急にハードルを飛び越えろって言われても、飛び越え方もわからないし、すごく高い感じがしてしまう。

言ってみれば男の人が「あなた暴力を振るっているでしょ？　それはダメなことだから、やめなさいよ！」ってインプットされているのと一緒のこと。なぜにこうなっているのかっていうことに気づかされずに、いきなりここを飛びなさいって言われているような。だって、暴力を振るう人も、最初はなぜ自分がそうなっているかわからない訳だから。

ヤマグチ　だいたい、殴っているほうも殴っちゃいけないってことはわかっているはずだからね。なぜ殴っている自分がいるのかわかっていない。

ＫＵＲＯＫＯ　なぜ自分が暴力に至っているのかという部分を見ずに暴力を振るってはいけない

と教え込まれたところで、心では何も感じていないと思います。

ヤマグチ　そういう支援を受けると、暴力はなくなるけど、多分どこかで暴力を振るっていた側が我慢してるんじゃないかなっていう気がします。

自分がどうしたらいいかもわからない

味沢　モラハラとかDVの被害者は、もともと生育の中でそういう経験があるケースが多いんですけれど、それが結婚によってさらに強化されて、いつもコントロールされている。「白」って言ったらダメって言われて、「黒」って言ったらダメって言われて、結局何を言ってもダメなんだっていうことを学習してしまうから自分からものが言えなくなる。

そういうことに慣れちゃうと、自分の情動に蓋をするようになっちゃうよね。そういう状態にある人が「自己決定ですよ」と言われても、自分がどうしたいかさえわかららない。だから「私をコントロールして！」ってなっちゃうんだな。

KUROKO　だから、女性支援のカウンセリングを受けていると、カウンセラーに自分をコントロールすることを求める自分も出てくる。「どうしたらいい？」って依存的に求める対象が、夫からカウンセラーに移行するみたいな感じになるんですよ。

味沢　旦那が怒らないようにふるまうのと同じように、カウンセラーが喜ぶ答えを言って、かわいそうな被害者を演じる。それで良いクライアントだって褒めてもらえると、カウンセラーに依存するっていうことが起こる。

KUROKO　そうそう、良いクライアントにならなくっちゃと思う。カウンセラーに嫌われないようにしようという思いが無意識に発生している。多分、最初は味沢さんに対してもそうだったと思う。

でも、「そんなんじゃ、変われる訳ないじゃない」って相手は思っているんじゃないかとか、カウンセリングを受けていると今度はそういう不安が出てくるんですよ。女性支援のカウンセリングを受ける中で、それで突き放されるパターンもあったと思うんですよ。そういう経験もしているから、「嫌われたらどうしよう?」って思ってしまう。

ヤマグチ　だけど、今は味沢さんのところで回復して、力をつけて、端から見たら「ダメなクライアント」になっちゃったわけね（笑）。

お互いがフォローし合える関係になれば

味沢　ここで「The Drama Triangle」という考え方について説明します。加害者と被害者と援助者という人間関係があった場合、加害者は人を支配してコントロールする、被害者は支配される、援助者は被害者を救うという役割があるんだけど、この役割はしばしば変わるんだよね。逆転現象が起こると、加害者が被害者になったり、被害者が加害者になったり、援助者が加害者になったりする。

だから援助者になるっていうのは非常に難しくて、被害者を救うはずのカウンセラーが「あなた、そんなこと言うから殴られるのよ！　私の言うことをちゃんと聞いて、しっかりしなさいっ！」って被害者に言ってコントロールすれば加害者になる。クライアントは傷ついているわけですから。だから、援助者だと思っていた人が、簡単に加害者に変わってしまうってことが起こり得るわけです。加害者も暴力を手放した途端に、被害者だった側から「あなたが悪いことしたんだから偉そうにしないで！　一生十字架を背負って生きなさいよ」と傷つけられてコントロールされるっていうことが起こる。

これでは役割が変わるだけで、結局、根本的な解決にはならないよね。援助をする時は、そこらへんを見極めなくちゃいけないということです。

そこで出てくるのが「The Winner's Triangle」という考え方です。これは「アサーティブ（Assertive）」＝自己主張、「ケアリング（Caring）」＝優しさ、「ヴァーナラブル（Vulnerable）」＝脆弱・傷つけられやすい、という関係です。

アサーティブは、相手を支配するのではなく自己主張しましょうということ。傷つきやすい被害者を演じるのではなく、自分は傷ついているんだということを主張する。

ケアリングは、救うというよりも優しくありましょうということ。ケアが行われてアサーティブになっていれば、「私はケアが疲れたから、もう全部休ませて」と言って加害者にならずに済む訳ね。加害者となった側も「こっちも傷ついているんだよ」と言えれば、お互いがお互いを尊重できる関係になれる。嫌なものは嫌、傷ついたら傷ついた、優しくしたくなったら優しくする。そうやってお互いがフォローし合える関係になれたら、みんなが勝者＝Winner's Triangleになれる。

世間では、加害者・被害者のラベリングをして役割を演じなさいってことを言うから本当の意味で問題が解決しない訳だけど、日本では役割による支援が一般的だし、それで援助者はお金になるから「Winner's Triangleにしましょう」っていう話は通じない。

コントロールに対して自分の気持ちが言えた時

味沢　最初KUROKOさんは、パートナーのモラハラコントロールによって自分がどうしていいかわからなくなっていたけど、「あんた、帰れ！」って嫌なことは嫌だと言えるようになって、今、自分をどう評価するんだろう？

KUROKO　「よく言えたね」って思う。

それまでも「NO」は言っていたけど、結局は彼のやりたいことを尊重していたから、例えば彼が旅行に行きたいと言えば、自分が楽しくやることを諦めなきゃいけないと思っていた。でも、ある時「行くのはいいけど、楽しく行けないのであれば、あなたと一緒に行きたくありません」って言えて、それで自分がいいと思えたかな。

彼が一緒に旅行に行きたいのに行かせないことをすれば、彼を尊重できない自分に罪悪感をもっていた訳です。それが嫌で彼に合わせるようなことをしていたけれど、その時楽しく行きたい自分を尊重できた。もちろん罪悪感はあったけど、彼との関係の中で、自分が彼のやりたいこと、言いたいこと、主張を却下するようなことを自分はしてはいけないと思っていて、その思いから抜け出せたひとつにはなったかな。

味沢　自己決定じゃないですか？

KUROKO　そうそう、だからすごく晴々しかったですよね。

彼は、私がどういうことに弱いかっていうのをよく知っているんです。彼を尊重できないことに私が罪悪感をもつっていうことは、彼に見透かされてしまっていた。だから彼は自分がこうしたら私がこうするだろうと見込んでいたんですよね。

もしかしたら、暴力を振るうことでしか私が言うことを聞かなかったら、彼は暴力を振るっていたかもしれない。でも、そうしなくても私が簡単にコントロールされるから、そうしなくても良かったんですよね。

暴力を振るう振るわないにかかわらず、構造的なことは一緒だと思います。相手をコントロールして自分のやりたい方向にもっていく。やり方が違うだけ。

ヤマグチ　それは戦略的ですね。外堀をまず埋めておいて向こうから責められない状況をつくってから、畳み掛けるような……。

味沢　そうすると、彼女のほうがパニックになってわーっと騒ぐんだけど、彼は冷静なんです。冷静に畳み掛ける。すると、端から見たら、彼女のほうがおかしいんですよ。彼は子どもの世話や家事もしていたし、難儀なバカな妻がいて、その夫が大変そうに頑張っているっていうふうに見えちゃう。

ヤマグチ　見えないようにやる。なんか「ステルスDV」だ（苦笑）！

「相手が悪い」と言うのは簡単だけど

KUROKO　そうそう、だから私も自分がDVを受けているという感覚がない。周りに相談しても「いい旦那さんじゃない」と言われるから、やっぱり私がおかしいのかなあと思ってしまう。

味沢　それでカウンセリングに行ったら「頑張りなさい」と言われる訳でしょ？
　私がその頃どういう対応をしたかあまり記憶にはないんだけど、KUROKOさんが何をしたいのか、そこを掘り下げていったと思う。自分がどうしたいのかっていう「考え」ではなくて、「感情」の部分にフォーカスする。何が不愉快なのか？　何が気持ちいいのか？　彼からされることが嫌だったら嫌だと言っていいし、そこに理由はいらないって。

KUROKO　多分、彼の中に、私に「嫌」という選択肢を与えないっていうところがあったんじゃないかな。だから「嫌」って言ってはいけない自分になってしまっていたと思う。

味沢　でも、彼は彼女が嫌だと言えば、その理由を聞く訳だし、それがわからなければ「こうしてみたら？」と言って自分の言うことを聞かせようとする。うまくいかなければ、全部お前のせいだと転嫁するんだよね。だから、「嫌なものは嫌」で理由はいらない。

母役割とか妻役割とか言われたら、嫌だって言いづらくなるから、そこの役割意識をどう解放していくかっていうのがすごく難しいんですけど。

KUROKO　彼は家事もよくやってくれていたけど、本来ならば妻がやらなければならないことを、お前が嫌だというから俺がやってあげているという感覚なんですよ。そうすると私は、自分がやらなければならないことを彼がやってくれているのに、なぜありがたいと思えないんだろう？というふうになってしまって……。でもそこに「感謝したくなかったら、しなくていいんじゃない？」っていう味沢さんがいてくれた（笑）。

味沢　だって彼がやりたくてやってることだからね、やりたいようにやらせておけばいいんだし。そこで、感謝しなくてもいいのか、勝手にやらせておけばいいのか、と思えたら「構造が変わっていく」。それが「役割」から解放されていくっていうことだよね。

KUROKO　多分、私の中に妻とはこういうものとか、相手を立ててあげなければいけないっていうことがあって、そうやっていたら夫は「俺ってすごいだろう！」って、どんどんどん上っていってしまった（苦笑）。それを引きずりおろして近づきたいって思ったけどできなくて、自分は何もできないんだって思ったらやる気も失せて、無力感が大きくなったよね。
そういう時に、女性支援でかけられる「あなたは悪くない」っていう言葉は嬉しいんだけど、私が悪い訳じゃないなら、じゃあ、なぜしんどいの？　っていうことまでは、誰も教えてくれない。

味沢　「あなたは悪くない。しんどいのは相手が悪いからだよ」っていうのは簡単。だから、別れたら楽になるよっていう方向にもっていく。だけど、それじゃ自分の問題は、結局解決しないんだよね。

KUROKO　カウンセラーは、ああすればこうすればって簡単に言うけど、できない人からすると程遠い話になってしまう。そうすると逆に傷ついてしまうから、回復までの期間を見守る時期というか、そういうものが必要になってくるんじゃないかな。ワークの参加者でも急に変わる人もいるし。私は多分時間のかかるタイプだけど、味沢さんは長いこと関わってくれているよね（笑）。
暴力を振るってしまうことや、コントロールされることを終わらせる、そのこと自体よりも、そこに至るまでのプロセスのほうが私は大事なんじゃないかと思うかな。

役割から解放され、自分と向き合う時

味沢　ＫＵＲＯＫＯさんは、夫婦一緒にいるのがしんどかった時、半年くらい週末だけシェルターを利用する生活をしていたよね。その時は、妻役割・母役割を放棄する訳じゃない？

KUROKO　平日は旦那が家を出て、週末は私がシェルターに入るということをやっていたね。週末になると母が大荷物を持って、出て行くという（苦笑）。

味沢　シェルターっていうと、世間で言えばDV夫から被害者を守る場所。センターも、まあそういう機能もあるけど、むしろ役割から解放されるっていうところも大事にしているから、入った人に「母役割・妻役割をしなくていいから、好きなだけ寝るなり遊ぶなりして」って言うんだよね。

するとと女性たちは、母役割・妻役割で支えていた自分がなくなる訳ですよ。そうすると自分と向き合わざるを得ない。それはそれでしんどい話だけど、妻役割がしんどかった人にしてみれば、「じゃあ、私は何のために家族してるのか?」っていうことになる訳。それで、こうしたらいいよねとかこうしたほうがいいよねというのが何となく自分の中で見えてきたら、夫や子どもとの関係を自分で意図的に変えていくことができるようになるよね。

KUROKO　子どものいる女性は、母親神話に縛られてるものね。産んだ瞬間から、子どもをかわいいとか愛おしいとか思うのが当たり前でしょう、みたいなところがあるから。

味沢　母ちゃんがメシを作らなかったら、父ちゃんが作ってもいいし、子どもが作ってもいい。でも、子どもがごはん作ってたらかわいそうだって言われるし、母ちゃんが寝てたらダメな母親だって、そういうイメージで見ているんだよね。でも、それじゃあ結局みんながしんどくなるからね。そういう役割に縛られることなく自分のしたいようにして、それでうまくいかないところがあれば、話し合って調整すればいいいんじゃないと思うんだよな。

親の離婚に子どもたちが自己決定

味沢　ＫＵＲＯＫＯさんは最終的には離婚をすることになったけど、面白いのは子どもを交えて離婚会議をしたんだよね。

ＫＵＲＯＫＯ　離婚しましょうと言って2人で話してても、話が前に進まなかったから。それで離婚するって子どもたちにも言って、同じテーブルに着いたんだけど、結局それでも進まなくて……。彼は子どもたちを目の前にしてやっぱり離婚したくないと思ったのかな。子どもたちへのコントロールがきつくなって、子どもたちもお父さんといたくないってなって、親子4人で味沢さんのところのシェルターに入ったんだったかな？

味沢　それで、子どもがパパのところに電話してね、「お父さん、離婚するっていう話になってるんでしょ？」って。それは説得力あるよね。離婚会議もしている訳だし。

ＫＵＲＯＫＯ　それで家族会議しても話が進まないから私たちは調停をして、子どもたちは子どもたちで、お父さんとお母さん、どっちについていくかっていう会議をしたんだよね。一番上の子が私のほうに来ると言ったら、下の2人もついてきた。

味沢　子どもたちは自己決定しているんですよね。両親が離婚すると知って、どうするかを自分たちで決めたと思っているから、子どもたちに悲壮感はないし。お父さんに会いに行きたくなったら、勝手に会いに行っている。

KUROKO　子どもたちは母子家庭になっていることを卑下してないし、隠すこともしていない。聞かれたら言うけど、自分からは言わない、そんなスタンスでやっているみたい。離婚したのを一番気にしているのは、元夫かな？　会社の人にいまだ言っていないみたいだし。

味沢　この夫婦の問題が起きていた期間から、私はKUROKOさんの支援をしてきた訳ですけれど、もう10年以上になりますかね。KUROKOさんは、誰かを悪者にするとか、逃げる・隠れるだとか、そんなことは一切していないので、離婚するにしても子どもたちも含め、ちゃんとみんなが納得できるようにと、そう進めたんだよね。

でも世間の支援では、そういうことは絶対ないじゃないですか。司法の場でも、子どもが主導権を握るなんてことはあり得ない。子どもにしてみれば、自分の人生が自分の知らない間に決められて、自己決定できないというのはやっぱり傷つくしね。

KUROKOさんの場合、そこを上手に回復できていると思う。彼との関係も悪くなっていないし。

適切な支援があったから、今がある

KUROKO　離婚してから何度か一緒に食事に行ったけど、そこで彼と話をしたら、彼は彼なりに子どもと向き合おうとしているのがわかって、そういうふうに思えるようになったことを考えれば離婚して良かったなあと。

味沢　彼は父親として子どもたちをコントロールできなくなっていて、子どもたちもそこが嫌だった訳じゃないですか。だから悪く言えば、今はお金や他の方法で子どもたちの機嫌をとらないとならない。そういう意味で、彼も力でコントロールすることを手放しているし、子どものために何ができるか考えたんだと思うよ。それが、ＫＵＲＯＫＯさんにも見えるのはいいじゃない。

KUROKO　結婚していた頃は、共依存になっていたのかな？　それがすごく邪魔をして自分たちの家族の形が見えなかったんだけど、今はみんなが心地良い部分がちゃんと守られている気がする。離婚がいいか悪いかは別として、今の環境をつくれたことに関して私はすごく納得している。

家庭のことは全部母親に任せるとか、逆に父親の言うことですべての物事が進んでしまうとか、子どもは言いたいことも言えなくなってる家庭は結構多いと思う。それを考えると、今の家族はみんなが言いたいことを言えてる。「なんて理想的な家庭像なんだろう！」と思ってます（笑）。

味沢　ここには10年間のプロセスがあって、そこには適宜必要な支援が入っていたと私は思っているんです。グループワークにカウンセリング、他にもいろんな支援を入れてきているけど、それがうまく機能して回復しているんじゃないかなと思う。みんなが幸せになっているという事実があるので、そういう意味ではこういう支援をもっといろんな人が受けられたらいいんじゃないかなと思うんだけど。

KUROKO　私はこの10年の間で、シェルターにも入って、グルナイやワークにも参加して、その中で気づいたことは数知れないけれど、結構どれも欠かせない。これがもし1人で離婚について悶々と考えて、その延長線上で離婚したとしたら、今の私とは違う私にはなっていたと思うんですよね。

センターに関わって、DV加害者の男性と話したり、グルナイでもそうだし、同じ被害者の人たちを見てきた中で、いろんな気づきが得られ、自分がどうしたいのかを見つける機会があって、それで今の私があるんだと思います。

よく加害者は謝るべきだと言われたり、被害者もそう思っていたり、私も最初はそういう気持ちもありましたが、今はそれが重要でないと感じています。

味沢　謝罪したら問題が解決するかというと、そうじゃないしね。本質はそこじゃないし、回復もしない。

相手の傷ついた痛みに共感する

kiyoちゃん　謝罪をすることが有効だと考える方は、どちらかと言うと特効薬を探してるようなところがあると思うんですよ。それで関係がすぐ改善されるんじゃないかっていう。でも、それって男性視点に立った考え方だなと、僕は思うんですよね。

それよりも女性は結論優先ではなくてプロセス優先であるという前提があるので、男性のほうも女性視点に立ってプロセスを大事にする……まあ、謝るのも重要ではあるんですけど、やはり相手の話を聞くことがすごく大事なんだと思います。

　そこにはコミュニケーションスキルが必要だけど、それは短期間にはアップしないし、そういう意味で即効性のある特効薬はないと言える。

　逆に謝罪が、ある意味コミュニケーションを始めるための手土産ぐらいにはなるかもしれないけれど、それでコミュニケーションがうまくいく訳ではないから、やはりそのスキルを上げるために実践に近いところで学ぶというのが大事なのかなと思います。

　センターの支援では、グルナイなどの場に被害者の女性が何らかの形で関わってくれるから、女性がどんなことを思っているかを聞くことができるし、それを積み重ねることで免疫もつくから、また同じような場面に出くわした時に冷静にその場の対処ができるし、もし謝罪することになったにしても心から気持ちが伝わる謝罪ができるんじゃないかな。

　例えば、離婚した元妻に対しても、「その時は申し訳なかった。僕もわからなかったし、そういうのが苦手であなたの気持ちが全然汲み取れなかった」ということを伝えられるんじゃないかな。

味沢　謝罪っていうのはこちらからプレゼントを渡すことだけど、中身が凄く大事だと思うんですよ。「相手の気持ちをちゃんと受け止めて返す」その作業が大事な訳で、謝罪すること自体は大きなことではないんだよね。

　謝罪の言葉っていうのは、相手の気持ちを受けて自然に湧いてくる言葉であって、義務で謝罪してもしょうがないと思うんですよ。相手の傷ついた痛みに共感して、「それは申し訳ない。ごめんな」と。そういうこともわからずに謝っただけでは、意味がないものね。

KUROKO　共感は、すごく大事ですね。私が元旦那さんに、離婚前にしんどかった話をもち出したとき、彼から「そうだったんだね」って、共感の言葉で返ってきたんです。そうやってわかってもらえると、こちらもそれ以上言う必要もなくなるし、本当の意味で伝わったと思える会話ができたというか。だからこそ、今彼に対しての憎しみが消えているし、感謝もできるんだと思います。今はおかげさまで「ちゃんと幸せを感じてお互い生きようね」っていうところに行き着けているっていうのはあるかな。

２０１７年５月７日
ひと・まち交流館 京都にて開催

おわりに

「常識的な価値観」で支援している援助者にとって、当事者の語りは、ありえない異常な話だったり、世間では許しがたい犯罪行為だったりすることもあるけれど、そんな時、無条件の受容とか、共感とかいうセラピストとしてあるべき態度はすっ飛んで、たちまち防衛的な心理になります。結果、当事者の語りを遮り、説教を始めたり、話題を変えたり、無視したり……。

今回、回復のプロセスをお書きくださった方たち、その多くは世間の価値観とは異なる判断をされたし、私もその判断を尊重しました。その判断は勇気も必要だったろうし、その後もいろいろ困難もあったことと思います。もし、私が世間の価値観に沿った助言をして、問題が解決することなく、回復もしなくても、私は誰かに責められることもないし、困難はその方の問題あるいは他の支援者の問題と責任を転嫁できます。

けれど、私は非常識であれ犯罪行為であれ、クライアントの語りに心傾け、クライアントの最善の人生への回復の物語を共に紡いできました。私とその方で紡ぐその物語は世界でただひとつの物語。その物語が現実化するには、私もその方も物語に沿った生き方をせざるを得ません。私がその方を見捨てることもないし、その方も私を裏切らず、むしろ支えてくださいます……。

私には「捏造セクハラ」で提訴されたという経験がありますが、その時も、私を支えてくれたのは多くのクライアントでした。活動を共にしてきた、研究者、専門家、行政関係者は、ことごとく私との関係を一方的に断ってしまいました。

守るべき社会的な立場があり、自身の依存する権威・権力にすがる人たちは、自身の保身のためには当事者を切り捨てる、という現実を身をもって知らされました。とても残念なことでしたし、我が国の援助者は必ずしも当事者の利益に沿うわけではないということ、研究者、専門家の力のなさや暴力性を感じざるを得ないできごとでしたし、今もってその現実は変わりません。

今回、体験を語ってくださった方たちも含め、私に関わった多くの方のその回復は世間ではレアなプロセスであり、私の喜びもなおさらです。世間には通じない、理解しがたい回復のプロセスを共にするのはセラピストとして何よりの誉れ、権威・権力の与える承認などとは比べものになりません。

彼ら・彼女らの人生、体験のすべてが、病んだ社会の病理と、そこから解放されるための多様な生き方を学ばせてくれる師でした。彼ら一人ひとりに、あらためて感謝を述べたいと思います。

2018年8月14日　夏の山科より

味沢道明

味沢道明　あじさわ・みちあき

1954年広島県生まれ。日本家族再生センター所長、メンズカウンセリング協会理事、メンズサポートルーム京都代表。サラリーマン生活を10年でギブアップし、料理教室のかたわら、日本の男性運動をリード。男の悩みから、加害者の脱暴力支援を開始。現在は加害・被害、性別、年齢に関わらず、DVやモラハラをはじめ、家族問題の当事者のためのサポートを提供。共著に『DVはなおる──DVを終わらせるための提案と挑戦』(ギャラクシーブックス)。著書に『〜メンズカウンセリングステップ2〜 メンズカウンセリング実践テキスト』(レターカウンセリングあのね)、『殴るな！ 男のための脱暴力支援──メンズカウンセリングの提言』(オリジナルブックマイン)他。　https://jafarec.com/

中村カズノリ　なかむら・かずのり

1980年生まれ。Web系開発エンジニアの傍ら、メンズカウンセリングを学び、カウンセリング業務を開始。当事者(モラハラの加害者)として得た経験をもとに、加害者にも被害者にも支援を行う。DVやモラハラの他、ブラック会社や人間関係等の相談も請け負う。

https://regrow-skill.com　Twitter @nkmr_kznr

DVはなおる 続
被害・加害当事者が語る「傷つけない支援」
2018年9月18日 初版第1刷発行

編集 日本家族再生センター
著者 味沢道明
中村カズノリ
当事者

発行人 中田 毅
発行所 株式会社ジャパンマシニスト社
〒195-0073 東京都町田市薬師台3-4-2
TEL 0120-965-344
http://www.japama.jp/

装幀・組版 納谷衣美
印刷 株式会社トライ
製本 株式会社難波製本

ISBN978-4-88049-331-2 C0036
乱丁・落丁本は、ご面倒ですが小社宛てにご送付ください。
送料小社負担にてお取り替えいたします。